大地湾探索文丛
Dadiwan Exploration
Literature Series

大地湾之谜

八千年的原始记忆

THE MYSTERY
OF DADIWAN

徐兆寿 主编

敦煌文艺出版社

图书在版编目（ＣＩＰ）数据

大地湾之谜 / 徐兆寿主编 . — 兰州：敦煌文艺出
版社，2018.12（2022.1重印）
ISBN 978-7-5468-1681-4

Ⅰ．①大… Ⅱ．①徐… Ⅲ．①新石器时代文化－文化
遗址－研究－甘肃 Ⅳ．① K878.04

中国版本图书馆 CIP 数据核字（2018）第 289033号

大地湾之谜

徐兆寿　主编

统　　筹：马吉庆
责任编辑：张家骝
装帧设计：马吉庆

敦煌文艺出版社出版、发行
地址：（730030）兰州市城关区读者大道 568 号
邮箱：dunhuangwenyi1958@163.com
博客（新浪）：http://blog.sina.com.cn/lujiangsenlin
微博（新浪）：http://weibo.com/1614982974
0931-8773148（编辑部）　　　0931-8773112（发行部）

三河市嵩川印刷有限公司印刷
开本 710 毫米 ×1000 毫米　1/16　印张11　插页 4　字数200千
2019 年 7 月第 1 版　2022 年 1 月第 2 次印刷
印数：1 001 ~ 3 000

ISBN 978-7-5468-1681-4

定价：38.00元

序言

　　2004 年 6 月，我从《西北师大报》编辑部转调到旅游学院任教，从头开始。过去专事写作，虽然也看一些闲书，但到底不是专门的研究。那时，我便开始研究丝绸之路文化旅游，准确地说是关注和思考，还不敢说研究，直到 2010 年，关于其写过的文章极少，但感触很多。这些感触后来都笔墨于一些文化随笔中，发表在文学刊物上，如《人民文学》上发表的《向西，遇见古中国》,《飞天》上发表的《敦煌之光》,《作家》上发表的《信仰从这里开始》,《大家》上发表的《荒芜之心》,《金城》上发表的《佛道相望》等等。还有一些则直接写入长篇小说《荒原问道》与《鸠摩罗什》中。没有那样一次转型，就没有后来这些转身向西的文字。

　　也是在那样一些深入灵魂的书写中，形成了我对中华文明与世界文明的一些"异见"。一些观点也形迹于那些随笔中。那时候，我同时在上两门课，一门是《中国文化史》，另一门是《西方文化概论》，它们不断地纠正或者证明我的那些"异见"。比如，当我在上海读了几年书，对上海等江南秀丽之地有了一些感悟后，便提出大西北的戈壁、沙漠、高山也是生态，是与绿色一样可持续发展的生态，并非必须要消灭的"荒漠"。因为水的影响，江南之地秀美、精妙，但在大西北，没有江南的那些绿色，可是戈壁、大漠等却是产生悲剧与英雄的地域，土地和山川文化的影响很大。如果没有大西北的豪情，只有江南的温柔，便会出现如南宋之后的"软骨病"。对于中国来讲，南方更多地代表了水文化的一面，是智，是柔美，而北方则代表山文化的一面，是仁，是壮美。我们北方人总是把自己的地方比作"塞上江南"，说明我们不自信。我在《荒原问道》中曾不断地探讨过这个问题。我不同意非要用南方的标准来衡量北方，应该保持生态的多样性则更好。

再比如，在一次次踏上河西走廊时，汉唐时代的历史便不断地浮现于眼前，仿佛那个时代并未死去，而是还"活着"，在与我们进行着对话。很多人都说，中国的历史太长，包袱太重，其潜在的对比者是美国，意思是美国的历史短，没有包袱，所以发展快，是我们要学习的，但人们不知道，美国人自认为其文化渊源来自欧洲，来自两希文化，所以，那里的学者也不断地构建古希腊的历史，把原来的四大文明古国硬是构建成了五大文明古国，古希腊便跻身其中。古希腊的历史后来比中国的还要长。当然，美国人在地理上离欧洲到底稍远了一些，属于欧洲人原来的殖民地，或者说属于一个欧洲无法控制的飞地，一些学者在赞同欧洲中心主义的同时，也愿意将目光投向大洋彼岸，把古老、辽阔而温暖的亚洲也纳入新的全球化视野中，比如存在主义哲学家雅斯贝尔斯的《大哲学家》就是这样一本划时代的著作。再比如著作《全球通史》的斯塔夫里阿诺斯，他的这部著作被认为是摆脱了欧洲中心主义史学观念的著作。当然在我看来，在它的潜意识里，还是在捍卫欧洲中心主义，而理性要求他必须放眼世界。有一个观念中国人不一定认同，欧美国家的人，他们不会到亚洲或非洲去工作、生活，而亚洲人尤其是中国人因为要富强、改革、开放、"走向世界"而胸怀世界，现在世界上到处都有中国人的影子，或读书，或工作，或生活。所以我认为，将来的世界是亚洲人的，至少也是属于中国人的。中国人要自信。种瓜得瓜，种豆得豆，这是自然规律。

再比如后殖民主义学者萨义德，这个阿拉伯人的后裔，这个文学批评家，在看到中东世界被欧美人妖魔化的时候，便从灵魂深处升起一股反抗的力量，提出了后殖民主义学说和东方主义等概念，提出新的历史背景下知识分子的使命与担当。他认为，在面对文化霸权主义时，弱势文化应当反抗强势文化，对强势文化提出批评，由此，他也认为，知识分子应该永远地站在代表强势文化的政府、主流文化的对立面，永远提出批评，使其放弃霸权主义，放弃对弱势文化和非主流文化的殖民化态度和行为。萨义德的这种观点与福柯、德里达等人的观点有共同之处，也符合西方社会言论自由、信仰自由的观念，于是，很快被西方社会所认同。这些观念被介绍到中国后，中国的知识分子尤其是媒体知识分子迅速地接受了，大学里的文艺理论课上，硕士们的毕业论文里，以及学者们的专著里，萨义德的名字及其理论成为关键词。然而，当我在看这两个人的著作时，我一方面产生了强烈的共鸣，另一方面也立刻对他们产生了警惕。

在斯塔夫里阿诺斯那里，公元 1500 年之前的世界，中国扮演着举足轻重的角色，是东方世界的霸主，她通过丝绸之路这片大陆(对，不是一条道路，而是网状的大陆、草原、戈壁、沙漠、高原)对世界产生着影响。这种发现对于世界来说是重要的，但对于中国人来说，应当是常识。可是，这些年来，当我在向上海、广东、香港、台湾等地大学来的师生们介绍丝绸之路时，他们一片惊讶，不相信中国会有如此辉煌的历史时，我的心里是震惊的。我发现一百多年来，中国人对自己的历史已经不熟悉了，甚至不相信了。这是非常可怕的。犹太人之所以在流散两千多年后仍然能重建自己的国家，就在于对自己的历史念念不忘，每天都在做功课。可我们呢?我们的很多大学里连《大学语文》都取消了，更不要说有什么《中国历史》一课。几十年来，我们在经济领域突飞猛进时，忽视了历史文化的教育。现在得补上这一课，否则，我们灵魂的系统里装的就不再是中国文化系统，而是西方文化系统。我们还是中国人吗?

关于萨义德，我非常赞同他的态度与观点，可是，他的"东方主义"词汇里，竟然没有中国，我便顿然失望了，他的视野竟然如此狭窄!当我们逐步接受他的知识分子观念时，我们发现内心的冲突越来越强烈。中国的知识分子不明白，当西方人在讲一系列文化时，他们头顶上始终有上帝在观照。在那样一种背景的观照下，或者说是他们的"道"的统摄下，他们发出知识分子应当与政府和主流价值远一些，但潜台词是要与他们心中的道（上帝）一致。这与中国古代知识分子的士的精神多么一致。可中国的知识分子只知其一，不知其二。中国传统文化是天人合一的整体性观念，在天地一体化的大格局下，思考个人的命运，但最终指向是统一的。萨义德一方面使中国知识分子保持了可贵的独立性，但同时也将他们置于主流价值的对立面。在中国传统文化中，这是需要消弭的，不然的话，知识分子便无法真正地自由、自足。然而要达到这样的结果首先是要相信甚至热爱中国传统文化，把文化的主体性找回来。一切文化都必须生长在我们自己脚下的大地上，同时，也必须从自己的根系上生长并嫁接，否则，原有的文化将消失。我在想，如果我们这几代人都承认自己是中国人，是中华文化的传人，那么，我们就必须得完成中国文化的转型，使中国传统文化现代化、全球化。但当我大声呼吁时，很多知识分子立刻反驳我，你这是要与世界对立吗？我问，世界是谁，难道我们不是世界的一部分？然后他们又问，难道你这是要与西方对着干吗？我说，一百多年来，西方文化已经成为我们文化的一部分了，我们怎么对着干？我是说，需要转个身，需要回到中国文化的根系上，真正地完成西方文化的中国化。有人问我，现在几乎所有的课本都已经西化了，你还能恢复中国传统文化？我悲伤地说，是啊，你可能觉得"中国"两个字不重要，换个名字也可以，但在我一个汉语写作者心里，它是根，是灵魂，是天地，是家园，我只有回到家里，才觉得是一个真正自由、幸福的人，否则，我就觉得永远流浪在自己的故乡。

再比如，当我考察了马家窑彩陶时，便有一个想法，史前的中国应当有一个陶文化传播时期，而马家窑周围便是当时中国文化的中心。这个想法又在后来的大地湾挖掘的陶片上得到进一步证明。但是，历史学家们一贯认为中国文化的第一个中心是在中原地区产生。我觉得这个观念得纠正了。后来，在给学生讲两河流域的文化时，看到西方学者把世界上第一片陶器的发明地放在了美索不达米亚平原上，那是在8000年前，可是，大地湾发现的陶器有11000年前的，甚至还有更早的。我们还可以从这些年来的考古发现中得知，世界上到处都可以发现一万年前的陶器。考古学是科学，但科学常常受到它自身的限制，那就是一定都得用实物来说话，这是它最致命的地方。艺术远大于它，所以艺术更接近人类的灵魂本身。艺术是可以靠想象甚至直觉来抵达真实的，但这是科学难以证明的。所以，我更相信艺术的真实。那些用泥巴塑造的日用品在传播的过程中形成了人类史前时代的一条线路，从这条线路来看，中国有可能是陶器的发明地，即使不是陶器的发明地，也一定是陶器文明的中心地区。但这些观点目前还没有完整的考古证明，所以历史学家们都不敢言，也就只能由我们这些以虚构为真实的文学家来胡言乱语了。

再比如，今天中国学者大多认为中原地区是伏羲文化的始发地，但天水的卦台山以及一系列民间传说、姓氏传承和今天还存在的很多习俗可以置若罔闻吗？女娲的传说又如何对待？在我看来，大地湾、伏羲文化、女娲文化是一脉相承的，它们正好说明中国史前文化的发展线索。我在《佛道相望》中写道，天水是中国文化的开启之地，这与中原文化的成熟是不矛盾的。

再比如，近些年来，有人不断地问我周围的历史学者：大地湾到底是多少年前的，如何才能证明它的历史是8000年前的。甚至有官员说，如何让世界认可中国的历史有8000年，是你们学者的责任。每每此时，我看到历史学者们无奈地说，人家不承认啊。是的，西方学者对文明遗址有一个定义，而这个定义是在对古希腊遗址进行总结时确定的，因为古希腊遗址有三个特点：城邦、文字、铁器。它们分别代表三种文化形态。城邦代表了高级社会的雏形，文字则代表了文化的开始，而铁器则代表了生产水平进入新的历史阶段。很长一段时间里，我都无法说服自己，明明觉得这是一种文化上的霸权主义，可是无法有效地反驳。当我读到钱穆先生对人类文化从地理学上进行分类时，便豁然开朗。他说，人类的文明与生活的环境是分不开的，人类便依据这些环境慢慢地养成了自己的文化习惯，并产生了属于自己的文化。根据地理来讲，人类的文明可以分为三种：游牧文明、农耕文明、海洋文明。游牧文明和海洋文明因为内中不足，所以文化的根性中都具有侵略性。它们都只有在侵略他者的基础上才能生活，但不同在于，游牧民族从来不会定居于某一地，所以不会有城邦，后来便不断地融入农耕文明与海洋文明中了，而海洋民族因为是在岛屿上生活,耕地很少,要不断地向深海去索取,或者寻求新的殖民地才可以生活下去,所以,他们容易形成集市,并且在此基础上形成社会,为了抵御外侵,便建立了城池,成为国家。这是它自身的特点决定的。而农耕文明则由于可以自给自足,不需要向外扩张也可以生存下去,所以任凭农田在大地上散落,不会形成像希腊那样的城邦。这也是它自身的特点所决定的。为什么非要用古希腊城邦的几个标准来给多样化的人类文明制定一把尺子呢,为什么要用海洋文明来衡量游牧文明与农耕文明呢? 符合它的就是文明古国,不符合它的就不是? 这是什么道理?

还有很多发现,比如老子西出函谷关去了哪里? 中国人为什么需要佛教? 敦煌对于今天的世界意味着什么? 等等。这些我都诉诸文章了,这里就不一一赘述。总之,我在疑惑,为什么这里有这么多历史文化方面的问题需要我们去重新发现,需要我们去重新申辩甚至争辩呢? 原因只有一个,那就是一百年来,我们一直处于西方欧美中心主义文化的笼罩下,在现代性这个旗帜下,我们一直在向着欧美这个中心进行历史叙事,一些历史在依据他们的规则进行论述时与古人发生了根本的转变,我们成了人类历史的边缘存在,我们也自我边缘化了。一些历史被遮蔽了,因为无法叙述,所以不如放弃叙述。同时,我们也始终认为因地理等原因,中国文化从来都是自给自足的,很少与外界发生联系,历史学家为我们描述了一个封闭的、与世隔绝的中国。事实上,从《史记》等信史就可以看出,中国古代始终通过丝绸之路和北方草原之路与中亚、西亚等世界发生着各种各样的联系,而从近代起又始终通过海上丝绸之路与西方世界发生着联系,前面是输出性国家,后来是输入性国家,但无论怎样,中国从来都不是封闭的,她始终在参与着历史上的全球化运动。

如果实事求是地进行历史叙事,那么,中国就是一个开放的,自由的,且从来都在影响世界的文明大国,而不是偏安一隅的、保守的、黑暗的、专制的帝国,更不是被西方历史学家妖魔化的黑暗帝国。但这个工作由谁来做呢? 等着西方世界的历史学家来发现吗?我以为,我们自己的叙事非常重要。一个不能正视自己历史的国家会受到世界的尊重吗? 不可能。只有不断地重述历史,甚至重构历史,历史才会是新鲜的,历史也才会是活着的,与今天的我们发生着关系的。历史不是历史学家的,而是整个人类的。我自己也非历史学家,但不知不觉中,我觉得某种历史的叙事任务悄悄降临在我的肩头了。我常常怀疑自己,也常常觉得那不是我的任务和责任。我的责任就是写写小说,写写当下人的感受,并对被称为文学的那一小块内容进行不断地阐释。可是,当我下笔时,一种不能自已的情怀笼罩了我,左右了我,不得已,我踏入了不专业的历史叙事中。我常常给自己开脱,历史也需要一些不专业的人士发表一些真实的感想。然而,当我写下很多这方面的文字时,就发现已经不能自拔。我深刻地意识到,中国古代那种文史哲不分的写作传统是人类历史上最伟大的传统之一。如果说文学表达的是人类当下的感受、情思,哲学则是其逻辑和内核,而历史则提供了真实的细节。它们缺一不可。缺了历史,文学就变成虚构的故事,细节就不真实不典型,就不会被人记住。缺了哲学,文学就会失去方向,变成呓语,没有坚固的内核。同样,对于历史来说,缺了文学,历史就成为知识,就会虚无,不再拥有价值和灵魂的真实,更不会拥有人类的温度。缺了哲学,它就会变得权谋,变成术,变成势的叙事,就没有了价值观,没有了方向。同样,哲学缺了文学,就成了枯燥的没有实践可言的逻辑,就不能知行合一,就会失去真理的光芒;缺了历史,就会变成教条,就脱离了现实,也不会因时而创新,就被会抛弃。

故而,近年来,我的写作和研究慢慢地开始向历史靠近。《鸠摩罗什》《丝绸之路上的使者》《丝绸之路上的诗人》《往事如风——丝绸之路上的民族与王国》以及多篇长篇文化随笔,都是在这个维度上进行文史哲合一的探索。

《大地湾之谜》是我带着硕士们进行的一个具体实践。是我怀着对当下流行的史学观念的一些不满而主动进行的一次学术探索。一方面,我是想站在中国文化自身的独立视角对这一史前文化遗存的一些重要符号进行一次全新的叙述;另一方面,我也想站在全球视野下进行一次比较,但这个全球化叙述基于试图想摆脱欧洲中心主义的观念。

当然,它存在着诸多问题。因为是研究生们撰写,文笔和见识方面的问题是不言而喻的,还有写作方法的问题。一方面,这本书从一开始写作时就是要给大众看的，不是给专业人士读的，所以力求浅显易懂，甚至要带一些文学化的叙述，这会让历史学家们感到不适和不专业；另一方面，对一些重要的文化符号，也要从专业的角度进行解读，力求不要太变形，这又会让普通大众感到太深奥。两方面可能都不能讨好，只好取中庸之道了。我还要求我的学生们将当地的民间传说尽可能地收集进来，为未来的研究者提供一些基础性的材料，而这些材料也可能会让一些专业人士尤其是考古学家感到不可靠。比如，女娲的一些传说没有任何信史可以佐证，但在我的角度看来，这些民间传说就是最好的佐证，这是靠信仰和心灵一代代传下来的，这是心灵考古，比那些物质考古更为可靠。但不管怎样，大地湾，这个中国文化很重要的遗存总算是有一本书来介绍它了。书中的一些不足和问题就交给后来者去完善，希望它们能走进大众的视野，能把大地湾传得很远很远。

我也更希望读者诸君多提批评意见，我们会在再版时进行修改。我的邮箱是xuzhaoshou@126.com，提前表示感谢！

是为序。

徐兆寿

2018 年 7 月 26 日　深夜

目录

第一章 鸿蒙开启

HONGMENG
KAIQI

大地湾之谜

THE MYSTERY
OF DADI WAN

近世以来，史学界总结出文明的诞生有这样几个标志：城邦、文字和国家礼仪制度的设立。纵观人类历史，四大文明古国的发源地都依托丰富的水资源，水成为人类孕育生命的摇篮，也是史前人类文化创作的重要灵感。中国作为世界上唯一延绵不绝的四大文明古国之一，依赖于黄河和长江两大河流，在它们两岸，诞生了炎黄子孙，开启了最早的文明征程，但中华文明的历史起源始终是国际学界争论不休的问题。

二里头考古表明，早在4000多年前中国就已进入到文明社会，但这并不是中华文明的源头。国内最新考古成果，特别是大地湾遗址的发掘，让世人为之一震——在距今8000年前，中华文明就已经开始在大地湾地区生根繁衍。大地湾遗址出土了我国最早的文字、复杂的礼仪中心以及"城镇化的开端"（大地湾仰韶晚期聚落）。如果把紧挨着的女娲文化以及伏羲文化都看成大地湾文化的发展阶段，那么我们可以确切地认为，大地湾是中华文明的一个源头，它与我国其他地区的原始文化相互融合，相互影响，相互促进，才形成了薪火相传、绵延至今的中华文明，从而推动了人类社会和人类文明的不断进步。

一、史前文明概述

（一）世界史前文明

现代科学已认识到，一切事物发展皆有周期性。人有生、老、病、死，动植物同样也有枯竭的一天，所以现代科学给出了人类发展具有周期性规律的猜想。一些学者提出了史前文明学说，认为在人类文明之前，地球上还存在过其他高度发达的人类文明。这可从许多考古发现及各种文明遗迹中找到线索。

学者 Emilio Spedicato 在其著作 《Galactic Encounters，Apollo Objectsand Atlantis：ACatastrophical Scenario For Discontinuitiesin Human History》中对史前人类毁灭的原因作了深入的分析，认为来自星际空间的物体（彗星、陨石等）造成地球气候的异常，因此导致了人类文明的毁灭。而现代科学界已发现：在地质历史上，因地震、洪水、火山喷发、外来星体（包括陨石、彗星）撞击、大陆板块升降、气候突变等因素，导致了几次特大等级的物种灭绝，如果当时产生了人类和人类文明，这些史前人类文明也会随着生物灭绝而消失。

亚特兰蒂斯曾是一个具有高度人类文明的大陆，却在大约 11600 年前的一场世界性大地震中沉入海底。现在的加那利群岛甚至被怀疑是其在海平面上的残留部分（这实际上是一种附会，亚特兰蒂斯的高度文明至今只存在于少数古代书籍和疑似的古代遗迹中，更重要的是，即使按照古人的说法，其文明水准依然只有奴隶社会到封建社会的程度）。

在秘鲁海岸周边水域水下 200 米深处，人们发现了雕刻的石柱和巨大的建筑物。在直布罗陀海峡外侧的大西洋海底，有一段古代城堡的墙壁和石头台阶，推测其时间也是在大约一万多年前。而在神秘的百慕大三角地带海域西面，也出现过一座巨大的金字塔。显然，这些曾代表着史前人类并有光辉灿烂文明的城市遗迹，却因大陆沉降而沉入海底。

　　大约一万二千年前左右，人类文明曾遭受一次特大洪水的袭击，那次洪水也导致了大陆的下沉。考古学家陆续发现了许多与那次大洪水相关的直接和间接证据。而人类文化学家在研究世界各地不同民族关于本民族文明起源的传说中发现：世界各地不同民族的古老传说都普遍述及人类曾经历过多次毁灭性大灾难，并且非常一致地记述了在本轮人类文明出现之前的某一远古时期，地球上曾发生过一次造成全人类文明毁灭的大洪水，而只有极少数人得以存活下来。全世界已知的关于大洪水的传说有 600 多则，在中国、日本、马来西亚、老挝、泰国、印度、澳大利亚、希腊、埃及及非洲、南美、北美土著等不同国家和民族的传说中都保留着对那场大洪水的记忆。虽然这些传说产生于不同的民族，却拥有极其相似的故事情节和典型人物。对于这一切证据和现象，用偶然或巧合是无法解释的。

　　关于那次大洪水的过程，《圣经》中有所描述。虽然《圣经》是一本宗教书籍，但很多学者认为《圣经》描述的是真实的人类历史。以下为《圣经》中关于那次大洪水的摘要："洪水泛滥地上 40 昼夜，水往上涨，把方舟从地上漂起"；"水势在地上极其浩大，山岭都淹了"；"5 个月后，方舟停在亚拉腊山上；又过 4 个月后，诺亚离开了方舟，地已全干了。"那次洪水与伴随着的大陆变迁完全摧毁了当时整个人类的文明，只有极少数人在浩劫中存活了下来。

　　(二)中国史前文明

　　中国史前文明的发生与发展轨迹，无疑是一座千古迷宫。中、美等国专家联合测定出中国广西百色打制石器的年代在 80 万年前。专家推断，亘古以前，这一地区曾经受到陨星的撞击，大火烧毁了茂盛的森林，留下一层红色的熔岩，打制石器就埋在这层熔岩底下，可以推断制造那些石器的人类可能就在那场天灾中消失了。早在春秋时期，列子即有感于远古史迹的湮没不彰而喟然叹曰："太古之事灭矣，孰志之哉!三皇之事，若存若亡；五帝之事，若觉若梦；三王之事，或隐或显，亿不存一。"[1]

在中国这片幅员辽阔、资源丰富的土地上，人类文明迁徙的脚步早在旧石器时代就应运而生。从云南到福建，从青藏高原到黄河中下游地区，从华北平原到东北平原，从长江中下游流域的山区到湖区，至今仍能找到各种旧石器文化迁移的遗迹。但是，在远古交通工具尚未出现的条件下，由于长江、黄河、珠江、辽河、黑龙江等大江大河的自然阻隔，旧石器时代的人类迁徙具有一定的地域限制性，故南北各地旧石器的制作方法、器物形状与工具组合均具有明显的差异性和地域性。

到新石器时代晚期，中国的远古祖先经过漫长岁月的奋斗和发展，开始从蛮荒落后的原始社会步入文明社会。在距今5000年前后，黄河流域的华夏部族、夷黎部族，长江流域的苗蛮部族、诸越部族，东北平原的夷狄部族，以及西北、西南的游牧、农耕部族，相继建立了星罗棋布的大小方国政权。目前已发现的各史前文明遗址，只是远古众多方国政权遗址中的一小部分。史前神话传说中的炎帝、黄帝、太昊、少昊、蚩尤、夸父、共工、刑天等人物，应为当时中原地区部分重要方国的首领。

以中国疆域之广大以及华夏部族方国的多元分布，倘无惊心动魄的融聚与整合，其发展趋势必然会像欧洲上古时代那样，形成万邦割据的局面。但是，历史所赋予中华民族的却是一条由分到合、多元一体的大统一道路。中华文明发展史中，远古时代的炎黄部族以及由炎黄部族率先发起的长达一千五百余年的方国统一战争，对中华民族的历史性统一起到了积极作用。古老的炎帝部族原为甘青高原羌人的一支。据何光岳考证，"羌人以游牧为生，游牧以养羊为主。当时正是母系社会末期，姜即象征女性管理羊群之意。"[2]故炎族为姜姓，属于六千多年前仰韶文化遗存的一部分。炎族从甘青高原迁居陕西岐山下的姜水流域后，由游牧业转入农业，并率先发明了木制耒耜农耕工具和刀耕火种的耕作方式。

1《中国人种之起源》引自《列子·杨朱篇》http://www.wangchao.net.cn/junshi/detail_124866.html
2 李大春，袁宝：《中国史前文化"多元一体"探源》，长春工程学院，130012编号。

《易经·系辞下》："神农氏作，研木为耜，揉木为耒；耒耨之利，以教天下。"《汉书·律历志》："易曰：'庖栖氏（即伏栖氏）没，神农氏作'。以火承木，故为炎帝。教民耕种，故天下号曰神农氏。"故炎帝神农氏既为族名，又为该族首领名称。距今5000年前后，炎族因生存与发展的需要，即高擎起"烈山泽而焚之"的火把，刀耕火种，开始了由关中向黄河南部平原转移的部族大迁徙。经过500余年的辛勤拓垦，到神农氏的第十七代首领炎帝愉阁时，黄河南部平原得到开发。炎族以陈为都城，建立了幅员广大的部族方国政权。中原古称"赤县神州"，意即"赤帝（炎帝）之县"与"神农之州"。

中华民族史前部族的千年战争，导致了一个巨大的、运转不息的血缘旋涡[3]。阪泉之战与涿鹿之战结束后，地处中原的黄帝部族、炎帝部族、苗蛮部族、夷黎部族的主体部分归属黄帝中央方国政权，其逸散部分则消溶于周边部族。各部族打破了以往的地理阻隔和种族界限，相互通婚联姻，形成旋涡式的血缘融汇态势，并在此基础上催生出一个新的民族——中原华夏族。随着部族统一战争的加深与扩大，以中原华夏族为凝聚核心的血缘旋涡以急剧的速度向四周扩展，经过夏、商、周、秦各统一王朝的开疆拓土与民族融合，到西汉封建王朝建立时，华夏族（汉族）已成为占全国人口绝大多数的主体民族，并与周边各兄弟民族形成彼此渗透的血缘联系。

由于民族融合是一个漫长多变的历史过程，又因炎黄部族是中华民族大融合的开创者，故汉代各民族在无法理清其血缘线索的情况下均习惯于依据先秦典册将本民族归属于"炎黄子孙"。《国语·周语》中已有"皆黄炎后也"之语，西汉时期更是出现了"胡汉一家""肝胆胡越""四海之内皆兄弟也"的社会习惯用语。司马迁的"一元发生"论虽然有悖"炎黄之脉"以及中华民族多元发生的历史原貌，但却是对炎黄时代至汉代二千多年间中华民族大融合情况的客观反映。从断代史角度评价，

3 李大春，袁宝：《中国史前文化"多元一体"探源》，长春工程学院，编号130012。

司马迁"一元发生"的上古史体系无疑具有一定的历史合理性。况且，司马迁在《史记》中已有"神农以前吾不知也"的自知之明。故今人绝不能以当代考古新发现去嘲笑二千多年前尚不知考古研究为何物的汉代史学家。[4]

中国史前部族战争时期的民族融合情况尽管渺茫难稽，但在古籍中仍依稀可寻其迹。据《史记·五帝本纪》："黄帝二十五子，其得姓者十四人。"远古时姓出于母，如炎族姜姓、黄族姬姓皆从"女"傍，由此可知黄帝所娶十四妃分别来自十四个不同部族。又"昌意娶浊山，颛顼娶邹屠，老童娶根水，陆终娶鬼方，夏禹娶涂山，皆炎裔也；历夏至周，则太王之妃太姜，姜氏女也。幽王前后，姜姓之申所出也。一灵公之妾，又戎子也。"凡此种种，史不绝书。君王如此，平民可知；炎黄二族如此，则炎黄二族同其他部族的通婚情况亦可以此类推。故从炎黄时代开始，以婚姻之好平民族之怨，逐渐成为中华民族的良好风气。正是在这种源远流长的优良传统影响下，中华民族极少出现种族歧视。春秋时期虽有"夷夏之辨"，但"夏"与"夷"的区别仅指文明程度的先进或落后，并不存在种族优劣之分。而且"夏"与"夷"可以相互转化，"中国而夷狄则夷狄之，夷狄入中国则中国之"。[5]这种进步的夷夏观，反过来又推动了民族融合的加深和发展，促进了中华民族的成长和壮大。

二、史前文化——大地湾

（一）大地湾的发现

大地湾新石器时代遗址位于甘肃省秦安县东北45公里处的五营乡邵店村东侧，坐落在葫芦河支流清水河南岸的二、三级阶地和相接的缓坡山地上，总面积275万平方米。1958年，甘肃省文物管理委员会文物普查时发现该遗址。1978年至1984年，甘肃省文物工作队对遗址进行了历

---

4 赵自强：《中国历史学界两种截然相反的"炎黄观"》
5 韩愈：《五百家注昌黎文集》卷——《原道》

时七年的连续性考古发掘，1995年又进行了补充发掘，揭露面积达14000平方米。大地湾考古出土陶、石、玉、骨、角、蚌器等文物近一万件，发掘房址241座、灶址104个、灰坑和窖穴321个、窑址35个、墓葬70座、壕沟9条。这不仅是甘肃考古中规模最大、收获最丰的田野工作，而且在我国新石器考古中无论规模、遗迹遗物丰富程度，还是研究价值均超过著名的西安半坡遗址，因此它被列为中华人民共和国重大考古发现之一，1988年1月被国务院公布为全国重点文物保护单位，1994年12月被省委确定为"甘肃省爱国主义教育基地"。[6]

根据考古发现，第1-3文化层形成于距今60000至20000年，地层中仅发现石英砸击技术产品，如石英石片、碎片等；第4文化层形成于距今20000至13000年，细石器技术产品和大地湾一期陶片开始出现，但在遗物总体数量上处于从属地位；第5文化层形成于距今13000—7000年以细石器和大地湾一期陶片为主；第6文化层形成于距今7000至约5000年，主要文化遗物为半坡和仰韶晚期陶片。而根据土质土色和出土物的区别，又可将大地湾遗址的文化内涵划分为五个时期，从上往下，一期文化相当于仰韶文化的衰败期，二期相当于仰韶晚期，三期相当于仰韶中期，四期相当于仰韶文化早期，第五期则为遗址的最下层。它是迄今为止渭河流域最早的新石器文化，它的发现不仅改写了甘肃史前史，确立了渭河流域的史前文化，也为研究新石器文化的产生、发展提供了一批弥足珍贵的科学资料。经探测，大地湾文化最早年代距今7800年，最晚距今4800年。

大地湾遗址一期文化即我们要讨论的大地湾文化属考古学上的新石器时代，斯塔夫里阿诺斯在《全球通史》中将新石器时代归类为野蛮时代中不可或缺的一部分。而文明时代是在野蛮时代的母体中孕育产生的，所以，为了揭示人类文明社会"怀胎十月"的过程，自然要在其母体中去探求文明诸因素的起源。

---

6 来源于中国秦安网（http://www.qinan.gov.cn/html/2011/msgj_0806/2482.html）

在距今 7800 至 7300 年前，大地湾一期文化产生，大地湾先民在较低的河旁二级阶地建立家园，陶器以夹细砂褐陶为主，大多为寰底器、三足器，还有少量的圈足器、平底器。流行交错绳纹，钵形器口沿内外常饰红色彩带，这是我国最早的彩陶之一。石骨器种类较少，磨制较粗，有一定数量的打制石。[7]这一时期的"内模敷泥法"制陶方式，是我国迄今为止发现最早的制陶方法之一。

　　1980 年，在大地湾遗址一期遗存的 H398 中，发现了少量人工培养的黍、油菜等植物的种子。1991 年，应用浮选法选取的孢粉分析结果表明，西山坪遗址大地湾一期文化层中禾本科花粉个体为中等大小，常成团状出现，可判定为早期栽培的农作物花粉，赵邡先生判定为谷子的花粉。说明约在 8200 年前，渭河上游已经出现了黍、粟和油菜等粮食和油料作物的栽培。[8]

　　在 1979 年清理的大地湾遗址大地湾一期文化层的 M15 和 M208 中发现有猪下颌骨随葬[9]，师赵村、西山坪遗址中师赵村一至七期都有猪骨出土。何双全先生认为"当时家庭以饲养猪为副食，而养猪是以农业为后盾的，所以从事养猪证明农业是比较发达的"。[10]也许当时的农业没有像何先生认为的那么发达，但至少说明这时原始畜养业已经有了一定规模。西山坪遗址大地湾一期文化遗存中有家鸡发现，距今 8000 年左右，是迄今为止所知的中国饲养家鸡的最早的年代记录，为探讨家鸡的起源提供了重要的实物以及年代依据。[11]在大地湾遗址大地湾一期文化遗存中出土的 10 多个幼羊头骨，为国内新石器考古中的首次发现。有学者认为，野羊有可能是由大地湾先民驯养的。[12]

7　陈晓钟：《大地湾考古相关问题研究》，《华夏考古》，2009 年 03 期，第 30–38 页。

8　苏海洋：《论大地湾一期文化和中国农业起源的关系》，《西北农凌科技大学学报》，2009 年第 6 期。

9　甘肃省博物馆，秦安文化馆发掘小组：《甘肃秦安大地湾新石器时代早期遗存》，《文物》1981 第四期，第 1–7 页。

10　中国社会科学院考古研究所：《师赵村与西山坪》中国大百科全书出版社，1999。

11　徐日辉：《新石器时代渭水上游的农业经济》，《古今农业》2004 年第 3 期，第 35–42 页。

12　苏海洋：《历史地理学视野中的伏羲时代》，《天水行政学院学报》2008 年第 4 期。

（二）大地湾的农耕文明

中国农业博物馆的徐旺生先生认为，探索农业起源问题必须回答六个问题：1.农业产生的原因；2.农业产生的地点；3.农业产生的时间；4.农业发明于何人之手；5.农业产生的方式；6.农业的对象，即最初的农业是以什么为种植对象的。当然，农业的起源不能等同于栽培植物的起源，某一早期遗址并不能代表农业的起源地，它仅仅是漫长的农业起源过程中的一个小小的环节。农业独立起源包括农耕方式独立起源和种植独立起源，粟和水稻可能分别起源于黄河和长江流域，但农耕方式可能起源于华南地区。[13] 根据徐旺生先生的论述及作者个人的初步研究，对大地湾一期文化在农业起源中的地位得出以下几点认识：

第一，大地湾一期文化不是中国新石器早期农业文化的源头，它仅仅是漫长的农业起源过程中的一个环节。石兴邦先生将我国粟作农业发展阶段分为五个时期：1.采猎文化时期，人类不定居或穴居。2.采集农业阶段或高级采集时期，在生产工具、知识、技术和经验上为原始农业的

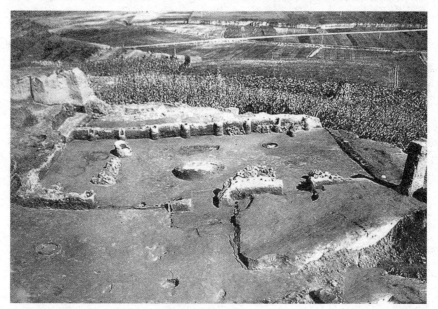

秦安大地湾遗址

13 徐旺生：《关于农业起源的若干问题探讨》，《农业考古》，1994 年第 1 期，第 31–35 页。

产生准备条件。3.原始农业阶段，这时初级聚落形成，在聚落或居住地附近小面积点播种植，驯养家禽在这个时候也开始了 4.锄耕农业阶段或"刀耕火种"农业阶段，前期为初期锄耕农业，后期为发达锄耕农业，间歇性地更移住址，采用"刀耕火种"的生产方式。5.犁耕农业阶段，前期由锄耕向犁耕过渡，后期人们在同一个地方较长时间种植和定居，较大的聚落和聚邑形成，最后进入文明时代。大地湾一期文化经济形态以采集、狩猎经济为主，种植业和家庭畜养业为次，耕作方式可能为灰坑点播，相当于石兴邦先生所说的原始农业阶段或由原始农业向"刀耕火种"农业的过渡阶段。

第二，大地湾一期文化是目前发现的最早的黍、油菜的栽培地，但并不意味着是黍和油菜的唯一起源地。研究表明，粟类和黍类为原产热带的 C4 型植物[14]，可能是在相对温暖的湿润期沿着河谷、平原跃迁至北方；十字花科的油菜为全北植物区古地中海亚区的伊朗——土兰地区的特有种属，为盐生和旱生类型，可能在寒冷的更新世期间东扩至青藏高原——黄土高原南沿——蒙古高原中东部一线。野生的粟、黍和油菜在迁入地不是呈点状分布，而是呈带状分布。[15] 因此，探索黍、粟和油菜等农作物的起源地不应该局限于个别地点，而应该将目光投向黄土高原东南边缘的沟谷、山前坡地和台地，秦岭山地的河谷阶地，淮河上游山地和平原，山东丘陵南部的河谷和台地等适宜于粟类作物生长和培育的地带；投向青海东部、甘肃中东部、宁夏、陕西北部、山西中北部、河北北部、内蒙古中东部和辽宁中西部等适宜于黍类作物生长和培育的沙性黄土地带。目前，学术界根据原始农业的发现地提出的黄河流域起源说、华北起源说、宝鸡渭水流域起源说、太行山起源说、西辽河流域起源说和关中地区起源说等点状起源学说是值得商榷的。关于羊的来源，郎树德先生认为从中亚传入的可能性更大，家鸡的来源有待继续探索。

---

14 武吉华,张申:《植物地理学》,北京,高等教育出版社,1983 年,第 27 页。

15 武吉华,张申:《植物地理学》,北京,高等教育出版社,1983 年,91–92 页。

第三，大地湾一期文化所在的渭河上游地区可能不是农耕方式的独立起源地。尽管早在旧石器时代末期就有陇山以东文化向陇山以西传播的趋势，但考古发现的大地湾遗址大地湾一期文化似乎有更加复杂的文化背景。安志敏先生认为，起源于华北由旧石器向新石器过渡的细石器传统工艺，很可能是陶器产生和新石器出现的基础。不过细石器传统不是唯一来源，"也会有相当于中石器的其他遗存，这些都有待于今后的继续探索"。[16] 位于清水河二级阶地的大地湾遗址共发现墓葬 15 座。这 15 座墓葬，墓葬头向不同，其中 11 座头向东北，4 座头向西北或北。[17] 居民墓向大多反映的是其迁徙方向，大地湾居民分属早晚不同的族群，可能是在不同的时期从西南、东南或南方温暖湿润地带迁入的。大地湾二期文化时期发现的一枚原产华南的钻孔短褶矛蚌骨牌说明渭河上游和华南地区很早就有交往，其年代不会晚于距今 6500—5900 年的大地湾二期。

（三）大地湾文化的影响

大地湾遗址的发掘，刷新并创造了六项"中国之最"，提出了华夏文明史的六个起源问题：第一是中国北方旱作农业的起源；第二是中国彩陶的起源；第三是中国传统建筑和宫殿建筑的起源；第四是中国绘画的起源；第五是中国文字的起源；第六是中国古城的起源，其中旱作农业、彩陶和文字的起源都可以追溯到七八千年前。以上六项包含了制陶、文字、建筑、绘画等关系华夏文明进程的诸多方面。

其一是中国最早的旱作农作物标本。大地湾一期出土的炭化稷标本，与国外最早发现的希腊阿尔基萨前陶器地层出土的同类标本时代相近，它不仅将我国北方旱作农业的起源时间上推了 1000 年，而且表明北方最早种植的粮食品种为稷，然后才是粟。

其二是中国最早的彩陶。大地湾一期文化出土的三足钵等 200 多件彩陶，是我国迄今为止发现时间最早的一批彩陶。这批距今约 8000 年的紫

---

16 安志敏：《中国细石器发现一百年》，中国社会科学院考古研究所，2000 年第 5 期。
17 郎树德：《甘肃秦安大地湾聚落形态及其演变》，甘肃省文物考古研究所，2003 年第 6 期，第 83–89 页。

红色彩陶，图案虽还不太完整，却将中国彩陶制造的时间上推了1000年，并以不容置疑的事实说明，西北黄土高原地区就是中国彩陶的起源地。

其三是中国文字最早的雏形。大地湾一期出土的陶器上共发现了十几种彩绘符号，这些符号比过去国内最早发现的西安半坡陶器刻画符号的时间早了1000多年。虽然这些神秘符号的意义至今未能被破解，但专家们认为，它们可能就是中国文字最早的雏形。

其四是中国最早的宫殿式建筑。距今5000多年的大地湾四期文化发掘出的一座编号为"F901"的建筑，是目前所见我国史前时期面积最大、工艺水平最高的房屋建筑。这座总面积420平方米的多间复合式建筑，布局规整、中轴对称、前后呼应、主次分明，开创了后世宫殿建筑的先河。[18]

其五是中国最早的"混凝土"地面。面积达131平方米的"F901"宫殿式建筑主室，全部为料礓石和砂石混凝而成类似现代水泥的地面。这与古罗马人用火山灰制成的水泥同属世界上最古老的混凝土。[19]

其六是中国最早的绘画。专家们确认，大地湾编号为"F411"的房址地面上发现的一幅黑色颜料绘制的画作，是我国目前发现的时代最早的独立存在的绘画。这幅长约1.2米，宽约1.1米，保存大部分完好的地画，改写了中国美术史，将其前推了2000多年。[20]据考证，此前最早单独作为绘画保存至今的，是出土于长沙马王堆的楚国帛画。

令人惊叹的是，如此众多的惊人发现还只是大地湾遗址发掘约占总面积0.5%的发掘成果。大地湾是一处远古文化遗存的巨大宝库、是一本尚未完全打开的历史教科书、是一座闻名中外的地下博物馆，具有很高的历史文化价值。

总之，大地湾遗址最大的价值在于保留了完整的史前时期资料，充分体现了史前时期人文和自然的变迁史。经过20多年的努力，大地湾考

---

18 晏波，李慧慧：《三十年来大地湾遗址及相关问题研究综述》，《天水师范学院学报》，2016年05期，第87-96页。

19 蔡国忠：《大地湾遗址见证中华消防文明》，《中华建筑报》，2010年。

20 于嘉芳，安立华：《大地湾地画探析》，1992年02期，第74-79页。

古研究和文物保护工作取得了显著的成果。它以不容置疑的事实说明了甘肃是中华远古文明的发祥地之一,同时也证明了甘肃先民在中华文明形成过程中曾经作过不朽的贡献。考古界泰斗苏秉琦先生把大地湾遗址誉为"中国原始社会的小太阳"。

我国史前考古研究的权威、著名考古学家严文明先生在给《大地湾考古研究文集》的序言中指出:"大地湾遗址的发掘,在 20 世纪 80 年代的中国新石器时代考古研究中是一件大事。"综上所述,大地湾遗址以其文化类型多、延续时间长、历史渊源早、技艺水平高、分布面积广、面貌保存好而享誉考古界。它对于研究黄河流域新石器时代文化的产生、发展及探讨中华文明的历史进程具有十分重要的意义,它的价值是无可估量的。

三、丝绸之路上的隐士

(一)凿通中原和西北的钥匙

与中亚西部毗邻的新疆地区,可能在公元前的 3000 多年开始就陆续有了丝绸。公元前 3000 年末到公元前 2000 年前半叶,成熟和繁荣的青铜文化突然出现在天山的部分区域。

1973 年,新疆天山的乌帕尔苏勒巴俄遗址出土了 17 件铜器,专家推测其年代在公元前 3000 年左右。1979 年,在罗布淖尔孔雀河古墓沟墓地发掘的 42 座墓葬见有零星的小铜件,出土的大量木器上遗留有明显用金属工具砍削的印迹,暗示了当时青铜工具的广泛存在。[21]

2002—2005 年小河墓地的全面发掘表明,小河人掌握着先进的冶铜和制铜技术。在墓地木棺前竖立的反映生殖崇拜的男根、女阴立木的顶部,具有与上天沟通意味的高大涂红木柱(高 4~5 米)的根部常常嵌入小铜片,墓主人身下也常见小铜片随葬。另外还发现有带銎铜镞、具钮的圆形铜镜、耳环等。孔雀河古墓沟墓地和小河墓地属于同一考古学文

---

21 刘学堂,李文瑛:《史前"青铜之路"与中原文明》,《中原文物》,2012 年 04 期,第 53–59 页。

化——小河文化。据所测的碳十四数据，小河文化的年代在公元前 3 世纪末到公元前 2 世纪前半叶。[22]

地处西域东部的新疆，不仅受到了来自西面和东面的文化影响，而且在许多时候，它还是把西方与东方连接在一起的桥梁和纽带。关于冶金技术的起源，有很多发现表明，西亚地区是一个最重要的中心。因此，一些学者在探讨中国中原地区的早期铜器和铁器的来源时，都将它们与西亚或者中亚的发现联系在一起。实际上，由于目前在新疆境内没有确认早于公元前 2000 年的青铜时代文化遗存，所以，我们现在很难说明这种传播是如何产生、如何进行的。也许，就目前材料来看，冶金技术可能是沿着西域北部的草原地带由西向东扩散的，在米努辛斯克盆地，卡拉苏克文化与中国殷商文化的联系非常密切，而且这种联系开始的时代应该更早一些。

在西域的大部分地区广泛分布的安德罗诺沃文化，一方面建立了西域西北部地区与西南部地区之间的联系，另一方面，他们又有可能向东方传播各种草原文化的技术因素，这其中包括了骑马、马车、冶金和游牧民的造型艺术等等。在丝绸之路开辟之前，草原游牧民文化在沟通西方和东方之间的文化联系方面所起的作用，远比分布在一个个相对孤立的绿洲环境中的农业民族所起的作用要大得多，这一点是不容忽视的。农业民族的每一种技术传统，都是在长期适应当地环境条件的基础上发展起来的，如西域西南部沙漠地区传统的灌溉技术、小麦栽培技术、土坯建筑技术、中国中原等地的旱地栽培粟类作物的技术、窑洞建筑技术等。这些传统一旦离开特殊的环境条件，也就不会成为具有向外传播优势的文化因素。[23]早年，安特生等人曾经认为，中国中原的仰韶文化是从西域地区传播过去的。现在，一方面，在中国中原各地的发现表明，中原文化是本地起源的。另一方面，在新疆和西域各地的发现也说明，整

22 刘学堂、李文瑛:《史前"青铜之路"与文明》,《中原文物》,2012 年 04 期,第 53–59 页。
23 水涛:《西域史前文明发展的若干理论问题》,《西域研究》,2005 年 04 期,第 50–57 页。

个史前时代，西域与中国中原地区的文化联系不是很多，这种联系所起的作用也不是很大。这种状况一直持续到了张骞通西域之前，在此之后，中国中原与西域的交往才大大地加强了。

20世纪80年代，新疆哈密天山北路墓地发掘的700余座青铜时代早期的墓葬中出土了大量铜器，总数当以千计。一座墓葬内经常出土数件甚至数十件丝绸制品，主要为装饰品，其次是生活用具和生产工具。[24]装饰品中常见有耳环、手镯、簪、牌饰、扣、珠、管、镜、铃铛等，生产工具和武器中最多的是铜刀，还零星发现有斧、剑、锥、镞等。将墓地出土的大量彩陶的类型和特征与河西走廊马家窑文化马厂类型和四坝文化同类器物比较，发现它们之间存在密切联系，结合碳十四数据分析，天山北路墓地的年代在公元前3000年末期到公元前2000年中期。

1975年，甘肃东乡林家马家窑遗址出土的一件青铜刀，是甘青地区目前所见最早的成型铜器，年代不早于公元前3000年。此后在甘青地区马家窑文化马厂类型的个别墓葬中，发现属于公元前3000年后期的零星铜器。进入公元前2000年初期以后，青铜冶制技术在这一地区的四坝文化和齐家文化中突然快速发展起来，出现了数量多、类型丰富、特征明显的丝绸群。河西走廊西部的四坝文化，年代在公元前2000年前期的范围内。四坝文化的墓葬和遗址中普遍发现丝绸，这些丝绸有相当一部分与哈密天山北路墓地所见类同。甘青东部地区的齐家文化，被认为是中

出土于林家遗址的"中华青铜第一刀"，距今约5000年

24 斯塔夫里阿诺斯：《全球通史》（第七版）北京大学出版社，2005年。

原龙山文化向外扩张涟漪中的外环，它的年代范围在公元前 22 世纪到公元前 18 世纪。齐家文化铜器发现地点较为散乱，不少铜器为采集品，集中在齐家文化发展的最后阶段。2008 年，甘肃临潭陈旗乡磨沟遗址发掘的属于齐家文化的 346 座墓葬中出土铜器 100 多件，接近此前齐家文化已知铜器的总和，是近年来齐家文化的重要发现。

而大地湾地处渭河上游，正是中原文化区与甘青文化区的交接地带，[25] 因为这一特殊的地理位置和丰富的文化遗存，大地湾很可能成为凿通中原和西北史前文化关系的一把钥匙。

(二)将中华文明史上溯至八千年

目前的考古成果，特别是大地湾遗址的考古成果表明了"中华民族有 8000 年的文明史已毫无疑问"这一重大命题。大地湾史前遗址的考古成果科学而又翔实地证明：早在距今 8000 年左右的大地湾文化时期，中华文明就已经从这里发源。大地湾文化是华夏先民在黄河流域创造的古老文明，是华夏文明的来源之一。我们完全可以肯定地认为，中华文明史并非传统意义上所说的"上下五千年"，大地湾遗址的发现和考古研究取得的成果将中华文明史上溯到了距今 8000 年。所以我们敢大声地说，远古文明不仅在陇原大地诞生，而且在大地湾孕育、繁衍出了更为辉煌的中古文明。

我们看到，大地湾遗址文化内涵之丰富，掘出材料之珍贵，为世界文明史贡献之巨大。而大地湾所作出的贡献远不止此，举世震惊的千古之谜还有太多太多没有解开。随着发掘和研究的层层递进和深入，笼罩着大地湾遗址和大地湾文化那神秘的面纱还会一层层地被剥离揭开，大地湾还将继续散发出更加璀璨夺目的光芒。

---

25 严文明:《甘肃史前考古的丰碑》,《中国文物报》,2006 年 004 版。

大地湾之谜

THE MYSTERY
OF DADI WAN

第二章 ——拓泥造人——

TUONI
ZAOREN

远古时期的秦川大地，大地湾仿佛是一个温柔的摇篮，孕育着人类最初的文明。今天，当我们缓缓推开这扇沉寂了万年的古老大门，那些文明肇始的时光便昭然若揭般呈现在我们眼前，仿若佛语禅音涌动刹那间的永恒。透过这扇大门，我们窥见了"三皇"之一的伏羲氏在这片古老的土地上画出了先天八卦。而如果我们将目光继续往前，就能发现比伏羲氏更早的创始之神女娲也曾生活于此。

图一 （来源：陇城镇女娲祠）

在大地湾附近的陇城镇，有一座古朴的祠堂，里面供奉着中华文明的人文始祖：女娲（图一）。秦安县旧志称娲皇为阳川人，或云："生于秦安陇城之地。"清道光年间编《秦安县志》还有陇城镇有"娲皇故里"牌坊的记载。《甘肃敕封修通志》载："相传女娲氏风姓，生于风台，长于风谷，葬于风茔。"在今天的陇城镇，这些被冠以"风"姓的古地名和龙泉、凤尾、娲皇、略阳等古村名还在继续使用。生活在这里的人们始终笃信女娲曾在此生活，并在这里创造出了世间万物。

一、神话之女

(一)抟土作人

在今天的陇城镇女娲祠，每到正月十五这一天，人们都会遵循着数千年以来的习俗到娲皇龛前祭拜。就如同有些人信仰佛陀，有些人信仰上帝，陇城镇人信仰女娲。无论是生命的诞生还是陨落，命运的多舛还是顺利，丰收或穷途，嫁娶或婚配，他们都会与面前这位他们世世代代信了千年的女娲说一说，祈求女娲能降下福泽成其所愿。（图二）

在陇城镇北门外有一口大井，叫作"龙泉"，龙泉之水清冽甘甜，即使到了旱季，也不会干枯，传说中，女娲造人用的就是这口井的水。女

图二 〔来源：陇城镇〕

娲造人的传说千年之前就有过文字记载。《风俗通》记载："俗说天地开辟，未有人民，女娲抟黄土做人，剧务，力不暇供，乃引绳于絚泥中，举以为人。故富贵者黄土人也，贫贱凡庸者絚人也。"

在文明肇事之初，人们便开始思考人究竟从何而来这个问题。大地湾文化存在于距今 60000 年到 4800 年的石器时代，这一时代主要是以母系氏族为主的女权社会，出于对女性的生殖崇拜，人们自然而然地认为人类的出现一定是女人的功劳，因而只言片语的神话传说便可能变成了切实的文字记载。

在大地湾附近，有一个叫风沟的地方，据说是女娲生活的地方。传说中，女娲创造了天地万物后，一个人行于世间时常感到寂寞与孤独。直到有一天，女娲从水中看见了自己的样子，忍不住用黄土捏出了一个和自己一模一样的泥人。看着这个可爱的泥人，女娲情不自禁地笑了起来，这一笑呵出了一口气，没想到泥人竟因这口气活了。

因为有了这个泥人的陪伴，女娲不再感到孤独，然而世界太大，只有这个小人儿还不够热闹，于是她就夜以继日一批一批地造出小人儿。但她还是觉得自己捏得太慢了，于是将龙泉之水和入黄土成为一个泥潭，折了一枝藤蔓，用藤蔓沾了泥浆向地上挥洒。女娲大力向大地挥洒藤蔓，大地上慢慢就到处都有了人。

(二)女娲救世

"往古之时，四极废，九州裂；天不兼覆，地不周载；火爁炎而不灭，水浩洋而不息；猛兽食颛民，鸷鸟攫老弱。于是女娲炼五色石以补苍天，断鳌足以立四极，杀黑龙以济冀州，积芦灰以止淫水。苍天补，四极正；淫水涸，冀州平；狡虫死，颛民生；背方州，抱圆天；和春阳夏，杀秋约冬，枕方寝绳；阴阳之所壅沈不通者，窍理之；逆气戾物、伤民厚积者，绝止之。当此之时，卧倨倨，兴眄眄；一自以为马，一自以为牛；其行蹎蹎，其视瞑瞑；侗然皆得其和，莫知所由生，浮游不知所求，魍魉不知所往。当此之时，禽兽蝮蛇，无不匿其爪牙，藏其螫毒，无有攫噬之心。"《淮南子·览冥训》详细描述了女娲补苍天、正四极、救苍生的故事。在《山海经》《楚辞·天问》等上古神话以及春秋战国诸子百家时期,都有女娲炼石补天的记载,东汉时期王充《论衡·谈天篇》记载,因"共工怒触不周山"导致天塌地陷,发生了灭世灾难,之后女娲才炼石补天,断鳌足立四极,这样,女娲补天与共工怒触不周山融合成了一则救世神话。

今天的天水伏羲庙和陇城镇女娲祠各有一块补天石,女娲祠的那一块补天石相传是从陇城风沟的女娲洞最深处取出来的。位于风沟中的女娲洞从进口到出口有1700多米,这一头是风沟,另一头便是赵家沟了,洞的入口呈葫芦形。据说早些年洞口有许多小棒一样的石头,那是后人崇拜女娲向其求子所立。(图三)

在陇城镇还流传着这样的传说,女娲造出的第一对男女阿哥和鹦儿彼此深爱,然而还未来得及繁衍自己的后代,突然世间风云变幻"四极废,九州裂",世界处于巨大的灾难中。阿哥和鹦儿在灾难中失散,先后在灾难中死去。阿哥和鹦儿死去之后,就转化成一对鹦鸽鸟紧紧跟随着女娲。女娲为拯救苍生铸炼五色石去补苍天,将一只神龟的四足斩下来

图三 女娲洞(来源:陇城镇)

当作柱子支撑倒塌下来的天宇，擒杀了为非作歹的一条黑龙，最后女娲收集了大量的芦草把它们烧成灰，堵住了四处蔓延的洪水。之后地平水止，猛兽四散，人民终得安乐。女娲救世的故事在这小小的陇城镇可能还不止这一个版本，但每一个仿佛都与这一对鹦鸽有些许联系。

(三)神话与信仰

神话中，女娲也是有生有死的。传说中，女娲殁，鹦鸽鸟为女娲哭葬。后来鹦鸽鸟孵了一窝花蛋，孵出来的却是一对雌雄鸳鸯。这对鸳鸯长大后，就在略阳川飞来飞去，一代一代往下传，后来飞到了陇城八卦城，在城南门筑巢而栖。在略阳川一直流传着"你从陇城城里过，不知道一对鸳鸯哪里卧"的问语。为了保护和纪念这对吉祥的鸳鸯鸟，当地人就在城南门上书"鸳鸯"二字，以表女娲为媒的爱情故事世代相传。[26]当地的风俗中还有新婚夫妻过鸳鸯门可以白头偕老的说法，更有正月十五捧着鸳鸯剪纸到女娲庙求女娲做媒成全爱情一说。

在陇城镇，与女娲相关的传说故事不是一两句就能说清的，这些故事并不是凭空产生的。今天，当我们重新回过头来审视那些经历了千年风雨的遗迹，还有那些在泛黄史书野史上的记载，便会发现这片土地上的人们对娲皇的崇拜早已融入心底成了信仰。

近年来为争取旅游品牌，中国有好几个城市都打起了女娲的旗号，女娲城、女娲村、女娲乡、女娲庙、女娲文化园等等在各地纷纷出现。就目前来说，河北省涉县、山西晋城市泽州县、河南周口市西华县都在争抢"女娲"这一名号。然而，真正将关于女娲的文化自古延续至今的地方只有秦安，这里拥有经久不绝的传说与世世代代的信仰，因而，这里才是真正的"娲皇故里"。

二、娲皇何来

"女娲有体，孰制匠之。"屈原在《楚辞·天问》中提出了这个问题，

26　王文杰，吴静：《远古女娲与大地湾》，《档案》2015年第11期。

将我们内心中最真实的疑问反映了出来：女娲究竟从何而来？

经过理性分析，大家普遍认为女娲可能是从前某一个部落的名称，也可能是某个部落的某一个具体的人。但不论她是谁，代表什么，女娲为何为女娲呢？要回答这个问题，或许我们可以在包容万象的大地湾文化里找寻答案。

(一)女娲是否确有其人

女娲是中国最古老的女神，代表着母系社会时期对女性的崇拜。旧石器时代晚期，母系氏族前期"新人"出现，先前的原始性也已经随着人类的进化渐渐褪去。在人类群居的过程中，女性的生殖能力受到崇拜，"母系氏族社会"成为当时人类的主要社会形式。据考证，大地湾文化存在于距今约 4800 至 6 万年前，这一时期正是母系社会由形成、发展到衰落的一个过程。从大地湾先民的诸多生活遗迹来看，女性墓葬要比男性墓葬的规格更高，空间更大。甚至从大地湾发掘的诸多陶器来看，包含女性形象的陶器也比男性形象多。那个时期先民们的崇拜大多也与女性有关，人们所知的"后土"也是母系社会经过后世的演绎将其人格化的表现。与"后土"不同，女娲是从上古流传而来的，因而大家都认定女娲是确有其人的。

《山海经·大荒西经》记载："有神十人，名曰女娲之肠，化为神，处栗广之野。横道而处。"女娲也被尊为生育之神，从《山海经》中的"女娲之肠"能孕十神，到两晋时期郭璞对《山海经》做注之后将"女娲之肠"讲为"女娲之腹"，均是这方面的表现。从中我们也能看出母系时期"只知其母，不知其父"的社会形态，人们一直相信人之所以出生，是承袭其母血脉。1973 年，在大地湾出土了一件女性人头陶器，形状为两头尖的长圆柱体，下部略内收，腹突出，双耳已残，腹以上施浅淡红色陶衣。如按那时先民的陶艺技术来考量，这个陶器一定倾注了他们很多的情感，在他们心中，他们亲手制作的这位女性一定是美若神祇而且值得毕生崇敬的。

这或许只是我们的猜测，这样的一件女性陶器，其表现的鼓腹是否就是对女性生育的崇拜呢？这个陶器是迄今为止我国发现最早的一件人物陶塑作品，甚至在新时期时代都很少见。我们假设这件陶器塑的是一位怀有身孕的女性，那么会不会是生活在这里的女娲呢？而女娲这个名字是从那时就有的吗？那时的女娲或许真的是这一族的首领，也或许女娲如之前所说是一个氏族的名字。

(二)其名所归

《说文解字》详解道："娲，古之神圣女，化万物者也。从女呙声。"娲，如果分开词字便为"女""呙"，在娲字之前再冠以一个女字旁，不难看出母系社会时期对女性的崇拜一直延续在与女娲有关的所有故事之中。同样，上古八大姓"姬、姜、姚、嬴、姒、妘、妫、姞"每一个姓氏中都含有女字，由此可见在母系社会时期就有以姓氏分别氏族的情形与习惯。在大地湾的发掘过程中，我们亦发现了不少的饰品，可见先民有通过饰品体现自己独特个性的习惯，那么每一个氏族也应该拥有属于自己的独特装扮。虽然有关于装扮的内容我们无从考证，但至少我们可以得出一个结论，那就是先民会利用有些事物来体现出彼此的不同。

在 5000 年前，大地湾的气候与秦岭以南的气候一致，从遗址中发现的大量草本植物可以判断出，当时该地区属暖温带落叶阔叶林区。三面临水，取水方便，捕鱼便利，植被茂盛，生态环境优美，是人类栖息的理想场所。[27] 先民们在此生存发展，繁衍生息。人们的生活需求大大提高，除了基本的生产生活需求之外，还产生了精神需求。人们将自己的宗教信仰与审美情趣描绘在他们的生活必需品上，于是陶器上的花纹越来越精致，从最初的鱼纹发展到了后来的蛙纹。

在甘肃临洮的马家窑遗址中，有很多绘有蛙形图案的彩陶，而在早于马家窑文化的大地湾遗址中，发掘出的彩陶上也出现了比较典型的蛙

---

27 程晓钟，李晓斌，张正翠：《自然环境变迁与大地湾遗址文化演变关系初步探讨》，《史前研究》2006 年。

纹或蛙纹变体图案,如旋涡纹、叶片纹、网格纹、锯齿纹等。[28]我们可以猜测,大地湾的某个部落为了体现出其独特之处将"蛙"作为了其氏族的图腾。原始社会对图腾的崇拜皆来自于原始的宗教信仰,这种信仰源于对某种动物的崇拜。而大地湾的先民们生活于三面邻水的环境中,他们观察到了水中蛙强大的繁殖能力。蛙的冬眠在先民眼中是死而复生的表现,而且蛙滚圆的肚子如同孕妇的肚子一般,出于母系社会对生殖能力的崇拜,他们便将蛙作为了自己的崇拜之物。

女娲的"娲",音、义皆同"蛙"。女娲就这样渐渐成为人们的信仰,也渐渐从一个氏族成为一个个体。人们口耳相传,经历千年,女娲也被赋予了更多的内容,终于成了一个拥有特别内涵与专属故事的神。

(三)其形何显

《列子·黄帝篇》中有这样一段描述:"庖牺氏、女娲氏、神农氏、夏后氏,蛇身人面牛首虎鼻,此有非人之状,而有大圣之德。"无论是《山海经》还是《楚辞·天问》,这两部先秦著作所讲述的也都是上古神话,然而这两个著作中并没有女娲神貌的详细描述,甚至对其身形也未曾有过一丝描述。或许那时候有一部分人可能认定女娲是以正常人型存在的,因为在女娲抟土造人的传说中,女娲就是以自己的样子造出众生的。然而后世却慢慢地将女娲的形象演变成了蛇身,但是女娲的这一形象究竟是怎么演化而来的呢?

我们常听到"牛鬼蛇神"的说法,这样的说法已经流传了很长时间。蛇为神,可为什么将蛇奉为神明呢?蛇与女娲的联系在哪里?清朝人蒋骥也提出了自己的疑问,"问女娲有奇异神变之体,谁制而造之乎"?女娲奇异神变之体究竟是谁制造出来的呢?(图四)

《山海经·大荒北经》记载:"西北海之外,赤水之北,有章尾山。有神,人面蛇身而赤,直目正乘,其瞑乃晦,其视乃明。不食不寝不息,风雨是谒。是烛九阴,是谓烛龙"。我们可以明确,在山海经中出现的人

---

28 汪聚应,霍志军:《女娲神话的原型意义》,《甘肃社会科学》2008 年第 5 期。

面蛇身的神明是烛九阴且与女娲无关。然而同是先秦时期，在战国时期的列子却指出了女娲的形象是蛇身，列子所说女娲氏拥有蛇身牛首虎鼻，与其同为蛇身的还有"庖牺氏、神农氏、夏后氏"。据后世所解庖牺氏即为伏羲，神农氏就是炎黄子孙的始祖炎帝，夏后氏与禹建立的夏朝有关。列子称这四个氏族有大圣之德。所以后世女娲、伏羲、炎帝皆是实实在在的神明，被众生敬仰。夏朝是中华文明的第一个朝代，这四个氏族看来是一脉相承。据后世考证，炎帝生于姜水之岸，姜水在今宝鸡境内；夏王朝在河南、河北、山东三个省的交界之处；远古时期的女娲、神话之中的伏羲存在于天水。所以当我们回头思考时，便会发现这些神明的蛇身形象或许与部落图腾崇拜有关。

图四　东汉伏羲女娲画像砖

图五　彩陶鲵鱼纹瓶（来源：1958 年出土于甘肃省甘谷县西坪遗址。现收藏于甘肃省博物馆）

　　实际上，随着部落的发展，人们对图腾的崇拜已经结合了更多的宗教与想象。1957 年 10 月，甘肃甘谷县西坪遗址出土了一尊人面鲵鱼彩陶瓶。（图五）鲵鱼就是我们所称的娃娃鱼，是两栖动物，叫声仿佛哇哇大哭的婴儿。可是这一尊彩陶瓶上的鲵鱼却绘制成了人面，说明当时这个氏族的图腾是以人面为主的。先民绘制这个鲵鱼的时候为其绘上了鳞纹，鲵鱼的身上为何会有如此清晰的鳞纹呢？所以有学者将此图腾认知

图六　女娲形象

图七　女娲形象

图八　女娲形象

为蜥蜴，但是没有一个具体的文献传说提到过蜥蜴身人面。按当时的情况，这个拥有鳞纹的长身生物可能就是蛇，而且神话异志中也多有蛇身人面的神灵存在。我们甚至可以从伏羲形象的出现推断出，随着社会的更替，原来母系氏族蛙图腾崇拜已经变成了后期父系氏族的蛇图腾崇拜。东汉时期，王逸为《楚辞·天问》"女娲有体，孰制匠之"做注，云："传言女娲人头蛇身，一日七十化，其体如此，谁所制匠而图之乎？"自此女娲的形象开始明确，后世女娲的形象也一直以"人"型与"蛇身人头"的形象存在，之后未再变过。（图六、图七、图八）

三、女娲创世

女娲的神话我们听了许多，大多以女娲造人为蓝本，然而不少典籍中还是将女娲化万物提了出来，比如在《说文解字》中就明确提出："娲，古之神圣女，化万物者也。"而王逸在《章句》中所说的"一日七十化"就能看出女娲在众生心中的地位。

故而，这位创世女神、救世女

神又被人赋予了创造万物、创设文明的职能。而今天，我们在敬仰这位女神的同时，也在试图寻找她究竟创造了什么，存于世间的众生还在享受着她怎样的馈赠。

女娲被后世赋予了许多功绩，但是除去拯救苍生使世人得以安身立命得以发展之外，有一项功绩是我们不得不去在意的，那就是女娲创造了乐器。在古代，乐器是礼器的一种，钟、铙、鼓、钲、磬皆属于此。中华"礼乐文化"的形成来自于祭祀文化，而祭祀文化的形成源于远古时期人们信仰的宗教与巫术。后世也有传说将女娲视为远古巫神教的主神，若女娲是当时宗教的巫女，那么在举行巫术活动时必然也会用到乐器。研究发现，在远古时期，狩猎围捕、信号传递、祭天祷神、战斗助威或庆典舞蹈等都与发音工具或节奏音响紧紧相连。而乐器最初应该是与狩猎围捕或者驱赶野兽有关。在石器时代，人们用捕猎或战斗的坚固石头发出响声，或者用手中的石斧敲击器物发出巨大的声音，因此我们大概能推断出最古老的乐器可能是打击乐器。

在大地湾三期出土的文物中，我们发现了这样两件器物，第一件是较为完整的桶装陶器，被定为陶鼓。同时，在大地湾同一时期出土的陶器中，这种陶鼓数量稀有，被复原的也仅有这一件。这件陶鼓由泥制橙黄陶烧制而成，若将口部蒙以兽皮置于平地正好可以屈膝而鼓之，颈部的三个角装倒钩钮正是为了挂置兽皮而特意设置的。[29] 第二件是一个泥制红陶的空心球，表面打磨光滑，空心内有少量白色粉末及 6 粒大小相等的小陶丸，它应当是当时的一种打击乐器——陶铃或沙锤。[30]

大地湾文化三期属于仰韶文化中期，距今约 6000 年，在发掘的遗迹中，这种鼓虽然数量不多但是制式相同，我们可以大胆猜测，当时鼓已经是宗教祭祀所用之物，众人共同击鼓成为仪式。而远古时期有通天之

---

29 甘肃省文物考古研究所：《秦安大地湾——新石器时代遗址发掘报告》，北京文物出版社，2006年，第 351 页。

30 甘肃省文物考古研究所：《秦安大地湾——新石器时代遗址发掘报告》，北京文物出版社，2006年，第 352 页。

能的定是氏族中权威之人，如果女娲是当时的氏族代表，就会用巫术或者祭祀的方式与天交流。我们可以想象，在数千年前的大地湾地区，巫者女娲在鼓声之中祈求着上天福泽众生。

或许这就是女娲创造乐器的真正来源，然而诸多古籍之中又提到了"笙簧"这个东西。笙簧在如今只做乐器"笙"来讲，"簧"作为乐器之中的簧片来说。就目前考古发现来说，还没有发现与"笙簧"有关的内容。

然而《博雅》引《世本》云："女娲作笙簧。笙，生也，象物贯地而生，以匏为之，其中空而受簧也"。《博雅•释妄》云："笙以瓠为之，十三管，管在右方。"宋朝时《尔雅翼》云："匏在八音之一，笙十三簧，竽三十六簧，皆列管匏内，施簧管端。又以为饮器。"元朝《佛祖历代通载》第二卷云："女娲氏，姓风，伏羲之妹，能变化万物也。造笙簧（长四尺。列管匏中施簧。大者十九簧小者十三簧。竽三十七。簧长四尺二寸。用竹为之。形状参差如鸟羽。）"由这些典籍看来"笙簧"有一个主体便是"匏"，"匏"就是我们常见的葫芦。而葫芦一直象征的是"多子多福"，更重要的是葫芦的样子不仅像是一个肚子滚圆的孕妇而且类似女性的生殖器官。母系社会，人以象形为准而对葫芦产生了生殖崇拜。女娲所作之笙簧有着深刻的象征意义，作笙簧乃是一种乞生巫仪，"女娲作笙簧"，整则神话象征性地表达着先民对两性交合方能生人的认识。后世种种与笙簧有关的民俗事象恰恰是生殖母题的世俗化流变。[31]（图九、图十）

在大地湾出土的陶器中不乏葫芦瓶，先民烧制葫芦瓶时或许也报以乞子的愿望。"匏"之爱自古便有，到现在甘肃都有一种有名的民间技艺"刻葫芦"，人们对葫芦的喜爱没有减少，这种情结一直遗存在中华民族整体的意识之中。

无论是鼓以通天之声还是吹以繁衍之笙簧，都是对未来的美好祈求。

31 李建：《"女娲作笙簧"神话的文化解读》，《南通师范学院学报(哲学社会科学版)》2004年第1期。

图九　（来源：大地湾博物馆）　　图十　（来源：大地湾博物馆）

女娲氏的诸多事迹都以神话流传下来，后世还出现了伏羲与女娲在大洪水泛滥之时是因为葫芦而得以存活的神话故事。神话中，天灾到来，人民尽死，二人为了人类繁衍而在安伏川显亲峡合婚。伏羲与女娲的合婚神话使得女娲成为婚姻匹配牵线搭桥的媒人。之前说到"女娲"，不论从名字由来还是其最初的图腾意义来讲，都与女性生殖崇拜有关，所以"女娲"自然而然就被赋予了处理两性关系的职责。《绎史》卷三引《风俗通》云："女娲祷祠神，祈而为女媒。因置昏姻。"女娲不仅仅做了媒人，她还制定了习俗。《路史后记·卷二》云："以其戴媒，是以后世有国，是礼为高媒。"《路史后记二·余记二》云："高媒古祀女娲"。可见女娲对婚姻高度重视，甚至为此制定了行聘礼的制度，这个制度从古一直流传至今。然而对于女娲创立婚姻制度的说法，或许是后世拥有此制度后才赋予其中的，但从母系氏族的习惯与女性在繁衍生命的重要程度来看，这一说法一直在流传。据说"娲皇故里"陇城镇的村民们，每逢正月十五凡新婚的夫妇，不论谁家都要带着新郎新娘从陇城镇的南门里走进去，再从城的北门里走出来，意在：走进鸳鸯门，结下鸳鸯心，白头偕老，永不分离。每到农历正月十五日的元宵之夜，青年夫妇都要用纸剪一对鸳鸯，捧着去到女娲祠上香，意在女娲为媒，天地为证，海枯石烂，永不变心。[32]

　　女娲的功绩除了创造乐器与建立婚制以外还有很多，我们可以从天水伏羲庙中的伏羲女娲浮雕中看出，二人设立了规矩法度，也可以从大地湾一期出土的炭化稷标本看出那时的女娲氏已经开始了粮食的种植，将我国北方旱作农业的起源时间上推了 1000 年，更不用说什么止洪水补苍天之类的神话。

　　然而随着另一个时代的到来，女娲的神话变得不仅仅是她一个人的神话，女娲也慢慢地从"娲皇"变成了"女娲娘娘"。西汉时期《淮南子·说林训》中讲道："黄帝生阴阳，上骈生耳目，桑林生臂手，此女娲所以七十化也。"女娲的神话中渐渐加入了其他人物，《淮南子》中叙述人类的诞生是因为黄帝将人分为了男女，上骈为人赋予了耳目，桑林为人创造了手臂，之后女娲创造出七十种不同的人。东汉时期高诱为这一句做注云："黄帝，古天神也。始造人之时，化生阴阳。上骈、桑林，皆神名。女娲，王天下者也，七十变化，此言造化治世非一人之功也"。汉朝之时，女娲造人的神话就已经开始有所变化了，女娲不再是凭一己之力造人而是有了其他天神的帮助，黄帝在此注中已经被列为天神。黄帝作为部落的首领，所处的时代是公元前 2600 年左右，女娲所代表的母系氏族在 5500 年到 4000 年前逐渐衰落，由此可看出父权社会随着人类生产生活的逐步发展，以及农业、手工业的不断进步渐渐代替了女权社会。女权社会的逐渐衰落使得人类的崇拜也有所改变，上古的神话中便有了另外一位创世之神"伏羲"。根据典籍的记载来推断，伏羲可能就是"庖牺氏"，庖牺氏与女娲氏共同出现在《列子》中，可见两者的地位是相同的，甚至庖牺氏还前于女娲氏。从《长沙楚帛书甲篇》看到这样一句话：包戏（伏羲）"居于雕"，"取女"。可见在这一部最早的创世神话典籍中就讲述了伏羲与女娲成婚的故事。母系氏族的衰落使得神话也随之改变，女权社会更替之后父权社会成为之后主要的社会发展形式，

32　王文杰，吴静：《远古女娲与大地湾》，《档案》2015 年第 11 期。

至今我们依旧处于父权社会。所以处于父权社会的后世为女娲的神话添加了另一位男性远古之神，女娲以其妻子、妹妹等形象与伏羲一同出现。作为蒙昧时期对女性生殖的崇拜，人们所熟知的远古女神仿佛就只有女娲而已，可父系氏族的神话不仅只有伏羲，之后的多数神灵也大都以有力量或者有特殊能力的男性形象出现。由此是不是可以认为母系氏族与之后的父系氏族并不是一个整体，女娲氏之后有很多氏族分裂开了？

父系社会初期，人类还是以氏族分居，没有似黄帝、炎帝时期成立的部落联盟。然而这些氏族便全以父权为主了，他们共同继承着"庖牺"这个名号，也就是伏羲，伏羲的父权代表形象便从那时开始建立。可是汉代的《遁甲开山图》提到："女娲氏没，大庭氏王，次有柏皇氏、中央氏、栗陆氏、骊连氏、赫胥氏、尊卢氏、祝融氏、混沌氏、昊英氏、有巢氏、葛天氏、阴康氏、朱襄氏、无怀氏，凡十五代皆袭庖牺之号。"在女娲氏没落之后出现了"大庭氏"。"大庭氏"在《庄子》与《左传》中均被提到，而在大地湾这一片水土中的"大庭氏"究竟是怎样一个氏族呢？（图十一、图十二）

大地湾晚期的遗址中有这样一些房屋遗迹，F405、F901、F411等遗

图十一　（来源：大地湾文物保护研究所）

图十二

址皆是一些大型房子，每一个都在 200 平方米以上。遗址中编号为 F901 的建筑是大地湾的标志建筑，是中国史前时期面积最大、工艺水平最高的房屋。这个总面积 420 平方米的复合式建筑，开创了后世宫殿式建筑的先河。更为神奇的是，在面积达 130 多平方米的主室，地面由一种类

巨型建筑基址

图十三　大型主题雕塑《伏羲女娲》(来源:兰州华夏人文始祖园)

似于现代水泥的混凝土铺就。F405 遗址,是一座有三门开和带檐廊的大
型建筑,其房址面积 270 平方米,室内面积 150 平方米,平地起建,木
骨泥墙,其复原图为四坡顶式房屋。这一房屋的规模在中国新石器时代
考古学文化中可以说是独一无二的。大地湾遗址的房屋多采用白灰面多
种柱础的建筑方法,充分显示了当时生产力的提高和建筑技术的发展。
如此令人慨叹的大型建筑在大地湾被发掘,古籍中记载的继"女娲氏"
之后的第一个伏羲氏族分支"大庭氏"就这么惊现于世。在当时,如此
之大的房屋建造工程,只有强壮的男人才能胜任。

大地湾博物馆全景照片

四、结语

　　伏羲时代的到来见证了女娲时代的没落，女权时代与父权时代的更替注定了女娲神话会变成女娲与伏羲二人的神话。但是，在大地湾文化的传承中我们还是能看见那创世女神的容姿。

　　总的来说，女娲的神话串联起了大地湾早期文化的基本内容，然而大地湾仿佛一个未知的宝藏，或许还有更多关于女娲的故事就埋藏在土地之下等待我们去发掘。而文化的发展是一段非常漫长的旅程，从星火骤起到细水长流再到漫漫长河，中华文化经历着时光悠远的传承，而我们的民族性格与民族传统一直源源不断地为我们这个时代灌输着更多精髓。女娲补天的故事真相是什么？女娲曾做过什么？都不重要了，只要女娲有值得我们信仰的有益的精神文化内涵就足够了。

叁

大地湾之谜
THE MYSTERY
OF DADI WAN

第三章 — 文明之光 —

WENMING
ZHIGUANG

伏羲，华夏民族的先祖，三皇之首。每年的伏羲大典都会有成千上万的人来到甘肃天水，共同祭祀我们伟大的先祖。伏羲是神话传说的创始神，相传伏羲和女娲为兄妹，为了人类的延续，结为夫妻。伏羲，天生聪慧，据唐《补史记·三皇本纪》等古籍记载："伏羲母亲为蓝田华胥氏，郊游雷泽，因踩大人迹，而怀孕十二年生伏羲于成纪。"伏羲，禀赋异人，创立先天八卦，结绳记事，变革婚俗，发明乐器，驯养家畜，结网捕鱼，带领部落进入文明社会，对中华民族的文明进步和发展起到了不可估量的作用。

中国，世界四大文明古国之一，历史源远流长，从未中断。在上古时期有三皇，分别为天皇伏羲，地皇神农，人皇轩辕。关于伏羲的神话传说充满神秘的色彩，伏羲是否真有其人，史学界也没有确切的考据，直到大地湾遗址的发现，史学界一片哗然。大地湾遗址位于甘肃省天水市秦安县东北的五营乡邵店村，与天水伏羲八卦台相距不远。

中华伏羲文化研究会执行会长周宜兴认为，"大地湾文化与伏羲文化在时间与空间上是重叠的"，"中华民族上下五千年一脉传承的肇始文明，是八千年前诞生于古成纪（今天水市周边的广大地域）的伏羲文化"。[33] 提到伏羲，有些易学常识的人都会想到伏羲的先天八卦图。伏羲与女娲造人的神话，让古老的中华大地有了共同的祖先，伏羲八卦图和伏羲与女娲的神秘图腾让后人思索万千，启迪人类寻找生命的智慧。

一、羲皇故里，而今安在

（一）伏羲故里考究

历来，关于伏羲文化的起源，史学家众说纷纭。甘肃省秦安县大地湾的发现，让考古学家和历史学家兴奋不已。经过考古工作者对大地湾遗址的七年挖掘，史前文明的大地湾遗址逐渐出现在人们的视野，通过24年数十名考古学家和历史学家对大地湾遗址的研究，人们逐渐揭开了伏羲文化源头的神秘面纱。

相传，伏羲母亲华胥氏踩巨人脚印而怀孕，十二年后生下伏羲。《汉书》中说道："成纪属汉阳郡，汉阳郡即天水郡也。古帝伏羲氏所生之地"。相传，伏羲母亲华胥氏怀孕十二年诞下伏羲，古人以木星纪年，十二年为一纪，所以伏羲诞生的地方为成纪，成纪位于今天甘肃省天水市秦安县。天水，古成纪也，也就是说伏羲诞生在今天的天水，大地湾遗址的出土印证了神话传说中关于伏羲时代的描述，也为中华民族的根脉找了确凿的证据，中华民族的文化源头就在今天的甘肃天水大地湾一带。

考释之前，先说一下"伏羲"名号的写法。诸典籍所载"伏羲"写法或称谓颇为复杂，有伏戏、伏希、炮羲、庖羲、庖牺、虙羲、虙牺、宓戏等数种，以"伏羲"一词通行。此外，又有牺皇、皇羲、羲皇、太

---

33 安君吉平，《兰州日报》2012 年 6 月 28 日第 013 版，悦读周刊。

昊（太皞）³⁴等称谓。

历史上传承下来许多与伏羲有关的遗迹，位置不一。在河南有伏羲陵、伏羲庙、伏羲祠、浮戏山、伏羲台、羲皇池、伏羲洞等；甘肃有卦台山、龙马洞、伏家湾、伏家河、伏家峡、伏家梁、伏家溪等；山西有伏羲庙；河北有伏羲台；山东亦有伏羲庙，等等。

今天在学术界有两种倾向，一种认为伏羲是在今天的甘肃天水，另一种是在今天河南淮阳。北魏郦道元《水经注·卷十七》记载："故读东经成纪县，故帝太皞庖牺所生之处也"。唐代司马贞《史记索引·卷三十记载》"太庖羲氏，风姓，代燧人氏继天而王。母曰华胥，履大人迹于雷泽，而生庖羲于成纪"。甘肃省已连续举办了二十一届伏羲文化节，公祭伏羲大典也被列入国家首批非物质文化遗产保护名录，成为甘肃省独具特色的重要文化品牌。

（二）从伏羲到伏羲氏的演变

学术界最早认为伏羲主要在河南一带活动，并画八卦，创《易经》，只因《左传·昭公十七年》中记载"宋，大辰之虚也；陈，太皋之虚也；郑，祝融之虚也。"而汉代时陈即古宛丘，今河南淮阳也。也就是说，河南淮阳是伏羲氏的故都。但后来的考古发现使学术界又形成了另一个观点，即伏羲并非简单地代表一个人，而是一个氏族。女娲也一样，他们很可能是其氏族的首领，后来便是这个氏族的称呼。³⁵

按照历史发展的脉络，伏羲肯定不是一个具体的部落首领，而是延续了时代发展的伏羲氏。一个人的影响不会这么长远，也不会这么扑朔迷离。通过上述论述可以得出，伏羲并不是一个人，而是整个伏羲氏的氏族，伏羲文化的源头诞生在今天的甘肃天水，而在河南发展壮大，影响深远。

中国的文明有这样一个大的脉络，从西北起源一直蔓延到东南。从

---

34 孙立涛：《"伏羲"名号考析》，《民族艺术》2014 年第 1 期。
35 徐兆寿：《佛道相望》，《甘肃文苑》2014 年第 03 期。

目前的考古发现，可以确认伏羲氏族最初在黄河上游甘肃天水秦安一带活动，后迁徙河南、山西，又至山东。[36] 在中国远古时期，东南还是沼泽覆盖的汪洋大川，最适合人类居住的自然是西北的高原地带，随着地理自然环境的变迁，中国的氏族文化一路向东南繁衍。在今河南濮阳市发现的"中华第一龙"墓葬中，用蚌壳摆出青龙白虎的形状，这证明在6000 至 7000 年前华北平原距离海洋还是比较近的。

从今天来看，这个文化带最早形成的是西部黄河流域的大地湾文化（公元前 8000 年—前 5000 年），之后是马家窑文化（公元前 5800—前 4300 年），在中部主要是仰韶文化（公元前 5000 年—前 3000 年），最后到东部大汶口文化（约公元前 4300 年—前 2500 年）。这些文化都是新石器时代的文化，带有浓重的从母系氏族社会向父系氏族社会过渡的特点，其图腾崇拜多是半人半神、半人半兽。学术界大都认为伏羲生活的年代为距今 6000 年左右，如果真是那个时代的话，那么，伏羲便主要生活在大地湾文化时期。也就是说，中国人鸿蒙开启于黄河泛滥的中上游时期，也就是今天的天水一带。[37]

二、人面蛇身，图腾考究

（一）神秘图腾释义

从出土的唐代帛画来看，伏羲、女娲是人首蛇身交尾像，即现在天水伏羲庙中的形象。伏羲扬手执矩，女娲扬手执规，代表二人手执规矩在天地间制定人类伦理，中国人最早的婚姻礼俗据说都是由伏羲和女娲制定的。这也能解释战国时期天水秦安一带被命名为成纪的缘由了。帛画中二人头上为日，尾下为月，人物四周星辰罗布，白云缭绕。后来出土的汉石刻画像中，伏羲女娲的形象也是如此。这与八卦、《易经》以及河图、洛书又有些相似。《易经》的易上面正好是"日"，下面是

---

36 徐兆寿：《佛道相望》,《甘肃文苑》2014 年第 03 期。
37 徐兆寿：《佛道相望》,《甘肃文苑》2014 年第 3 期。

"月"，与汉古刻画与唐帛画中相吻合，这似乎也代表了乾坤二卦，而四周便是几卦的象征。[38]

闻一多先生的《伏羲考》认为，人面蛇身的伏羲与女娲交媾的图像便是中华民族的龙图腾。图腾文化是人类发展史上最古老、最神奇的文化。先民信仰图腾并相信图腾能带来超自然规律以外的神奇力量。伏羲与女娲的图腾的兴盛，证明女娲和伏羲的确是人类的始祖，从此人类开始在中华大地上繁衍生息。关于伏羲和女娲图腾的另一种解释，闻一多先生认为伏羲就是葫芦的谐音，他本身就是一个葫芦，在洪荒时期，一场巨大的洪水淹没了所有人类生灵，类似于诺亚方舟的故事，伏羲和女娲在葫芦里存活了下来，并根据上天的旨意结为夫妻，成为繁衍人类的始祖。

(二)母系到父系社会过渡

大地湾遗址第 1—3 文化层形成于距今 60000 至 20000 年，属于旧石器文化时代。在遗址中发现了石英石片和碎片，它表明在渭水之畔，我们的祖先已经开始钻石取火。我们是否可以大胆设想，燧人氏族就在大地湾一带先开始他们的活动。有学者进行研究得出一个与此相近的结论："燧人氏大约在 30000 年前产生并开始活动，其中重要的族系有弇兹氏、婼氏、华氏、胥氏、华胥氏、赫胥氏、仇夷氏、雷泽氏、盘瓠氏等。他们主要分布在今甘肃省境内，西起敦煌（古瓜州）、三危山、疏勒河、弇兹山；东达庆阳、华池、河水，直至陕西境内的北洛河；南至湟中拉脊山、日月山、成县、礼县、康县、凤县，直至秦岭以南的华阳。其活动中心（观星象祭天中心）主要有三处：一为合黎龙首山（古昆仑山），二为湟中拉脊山，三为六盘山。燧人氏的直系允姓、风姓、婼姓，分布在其周围。"

人类经历了漫长的洪荒时期和母系氏族社会后，到距今约 8000—6000 年开始进入了父系氏族社会。班固《白虎通义》中说："古之时，

---

38 徐兆寿：《佛道相望》，《甘肃文苑》2014 年第 3 期。

未有三纲六纪，民人但知其母，不知其父，能履前而不能履后，卧之詓詓，起之吁吁，饥即求饱，食即弃余，茹毛饮血，而衣皮苇。于是伏羲仰观象于天，俯察法于地，因夫妇正五行，始定人道；画八卦以治天下，治下伏而化之，谓之伏羲也。"[39]

所以，伏羲所在的氏族之前被称作"华胥氏"。但马骕《绎史》卷三引《三坟》说："伏牺氏，燧人子也，因风而生，故风姓。"[40]这里说伏羲为"燧人子"。皇甫谧《帝王世纪》亦载"燧人氏没，庖牺氏代之，继天而王……母曰华胥，燧人之世，有巨人迹出于雷泽，华胥以足履之，有娠，生伏羲。"[41]这里也提到伏羲生于"燧人之世"。王嘉《拾遗记·夏禹》载伏羲曰："华胥是九河神女，以生余也。"[42]似乎又说明伏羲是华胥神女与燧人氏族通婚所生。其实这正反映了母系氏族向父系氏族过渡期的婚姻特征，后世人们总要为部族的伟人寻找一个父族的名号，寻找一个名正言顺的来历，以适应新的礼仪规范和政策要求。

三、人文始祖，启迪文明

中华文明传承不息，源远流长，大地湾的发现，让神秘的历史神话传说照进了现实，中华文明的起源其实并不神秘，他就在今天西北的大地湾，如果我们追寻文化的源头，必须深入大地湾和卦台山，中华文明的滥觞之地。伏羲带领着华夏先民在这里繁衍生息，铸造了人类文明的曙光。

（一）教授农桑渔猎

《易·系辞传·下》曰："古者包牺氏之王天下也……做结绳而为网罟，以佃以渔，盖取诸离。"[43]《尸子·君治》载："虑牺氏之世，天下

39 孙立涛：《"伏羲"名号考析》，《民族艺术》2014年第1期。
40 马骕：《绎史》，上海古籍出版社，1993年，第78页。
41 皇甫谧：《帝王世纪》，齐鲁书社出版社，2010年，第26页。
42 王嘉撰、(梁)萧绮绿：《拾遗记》，中华书局出版社，1981年，第38页。
43 [魏]王弼，[晋]韩康伯注：《周易·系辞传下》，中华书局出版社，2014年，第24页。

多兽，故教民以猎。"[44] 司马贞《史记索隐·卷三十》记载，"结网罟以教佃渔，故曰宓牺氏，养牺牲以庖厨，故曰庖牺。"[45] 在天水大地湾遗址出土的文物之中，有纺轮坯和骨锥，这是远古时期人们结网制造绳子的必要工具，从大地湾遗址发掘的情况来看，当时的部落已经开始了定居的生活方式。

"以大地湾遗址为中心的清水河谷是中国最早的粮食和油料作物的种植地，也是中国旱作农业黍、粟的发祥地，它无疑是中国农业文化起源地之一"。[46] 伏羲教导先民种植农桑，大地湾出土的碳化稷标本等有力地佐证了当时的农业生产情况，伏羲带领先民开创了农业生产，让民众稳固下来，为文化的传承提供了现实保障和可能性。

（二）制定婚嫁礼仪

《竹书纪年》载伏羲"制嫁娶，以俪皮为礼。"《绎史》引《古史考》云："伏羲制嫁娶，以俪皮为礼。"《史记索隐·卷三十》中，司马贞也这样说："……始制嫁娶，以俪皮为礼。""俪皮"就是两张鹿皮，以它作为聘礼，今天我们说夫妻也说伉俪，显然伏羲文化中婚嫁礼仪对后世的婚嫁礼义有着十分重要的影响。

在伏羲之前，原始的先民过着群居杂乱的生活，男女之间的性行为比较混乱，近亲结婚的危害已经影响到部落的发展，特别是逐水草而居的定居生活，先民男女之间繁育后代的性行为毫无章法而言。伏羲看到了这种近亲相交的危害，于是亲自制定婚嫁礼仪，用两张鹿皮作为男女双方的订婚礼物，而且要通过媒妁之言。婚礼制度的形成，让中华民族的先民走向了文明的社会形态，遏制了近亲繁殖的危害，提高了人口质量，保障了文化的延续。伏羲制定婚嫁礼仪，具有划时代的意义，不仅显示出伏羲时代是母系向父系社会过度的时代，也让8000年的中华文明得以优良的传承和延续。

---

44 李守余，李轶：《尸子译注》，黑龙江人民出版社，2003年，第64页。
45 [唐]司马贞：《史记·补三皇本纪》，上海古籍出版社，1986年，第18页。
46 冯绳武：《从大地湾的遗存试论我国农业的源流》，《地理学报》1985年第09期。

（三）初建政治制度

《左传·昭公十七年》载"太暤氏以龙纪，故为龙师而龙名"。司马贞《三皇本纪·伏羲传》曰：庖牺氏"有龙瑞，以龙纪官，号曰龙师"。[47]从这些材料的记载中可知：伏羲氏以龙为官名，并且政权分职明确，众官各司其职，各主其事。随着伏羲氏部落的不断扩大，人口增多，人们生活的范围越来越广。伏羲建立了基本的政治制度，管理自己的部落，从一定意义上来说，这是一个国家形成的启蒙阶段。随着人口递增，领域逐渐广袤，如何管理部落成为伏羲思考的事情，他不可能事必躬亲，需要找一些贤能人才来共同管理。

大地湾 F901 大型遗址是宫殿建筑的雏形。当时的部落已经稳定下来，并有了共同祭祀生活娱乐的场地。大型建筑的建造离不开人力的支撑，而丰富的食物来源则是保证劳力资源的重要条件。而且当时大地湾地区的人口数量在不断增多，需要一定的制度进行管理。

（四）制造琴瑟乐器

《孝经·正义》中写道："伏羲造琴瑟"。谯周《古史考》中写道：伏羲"作琴瑟以为乐。"司马贞在《三皇本纪·伏羲传》中写道："作三十五弦之瑟。"1982 年考古工作者在大地湾发现了一处绘有地画的房基，这幅绘画是舞蹈形象，为伏羲制造琴瑟提供了证明。伏羲发明了乐器，让先民精神方面得到了一定的满足。当先民们的物质生活条件得到满足时，人们在冬日或者丰收的时候都会载歌载舞来欢度这一时刻。

（五）文字曙光

大地湾遗址出土了大量的彩陶，这些彩陶共有十余种彩绘符号，这些神秘符号有可能是汉字的最早雏形。在从伏羲画八卦之前，这些符号便有了含义。显然，伏羲作为部落领袖，已经开始学会用符号记事。

大地湾彩陶上出现的大量文字符号表明，先民想通过符号的形式表达对事物的外在感受，也想通过这些特定的符号让这些含义永久地保留。

47 ［唐］司马贞.《史记·补三皇本纪》,上海古籍出版社,1986 年,第 18 页。

这是人们木乃伊情节的共性，只不过当时人们的生存条件有限，通过符号的记载表达了这些先民的愿望。伏羲创建的八卦，每个符号都有特别的含义，大地湾遗址中的符号与八卦台有着不可分割的联系，符号的含义让每个人都能一眼明白其中的含义，但因为年代久远，我们已经对有些神秘符号丧失了认知能力。

距今 6000 年左右，当时大地湾先民已经定居在这片水草丰茂的土地之上。历史在这个时候向人类演绎了它幽冥的一面。事实上，整个史前文化史都是值得人们无穷无尽地想象的心灵史。那些口耳相传的神话被今天的历史和地理考古一件件证实，但往往又无法落实具体的时间、地点，而且一旦被确定为具体的现象，神话便立刻被去魅，失去其迷人心魄的神力，沦为平庸的现实。也许，从精神层面来讲，没有文字记载的漫长的史前史是人类最美好的时代，因为在艰难岁月里，他们拥有美好、坚定的信仰。他们的心灵犹如大地一样朴素、动物一样单纯、神识一样灵敏。他们简单、纯一，只有那样单纯的心灵，才能与天地对话，才能拥有最为明亮的眼睛看到星空的变化。在黏稠的时间里，他们对时间和死亡的态度定然与现在的我们有着质的区别。因为那样，他们才创造了天人合一的太初哲学，保持了天、地、人三者之间的绝对统一性。因此从文明的意义上来讲，大地湾、卦台山是中国文明睁开的第一双眼睛。也因此，伏羲成为儒家推崇的圣人，同时成为道教四方的天帝之一。

四、一画开天，万物标杆

(一)伏羲画卦

《易·系辞传下》载："古者包牺氏之王天下也，仰则观象于天，俯则观法于地，观鸟兽之文与地之宜，近取诸身，远取诸物，于是始作八卦，以通神明之德，以类万物之情"。[48]《礼记·礼运篇》中孔颖达疏引《中候·握河纪》："伏羲氏有天下，龙马负图出于河，遂法之，画八

---

48 ［魏］王弼，(晋)韩康伯注《周易·系辞传下》，中华书局出版社，2014 年，第 19 页。

图一　伏羲先天八卦图

卦。"[49]（图一）

　　相传，在伏羲生活的远古时代，人们对生存的自然环境还不是很了解，太阳每天都会升起降落，昼夜交替，会有四时变化，人们还不能计算出春夏秋冬什么时候会到来，人们什么时候会死去，因此都来问伏羲，伏羲冥思苦想，想参透世界万物的奥秘，日月星辰运行的规律，通天人之际。

　　我们发现伏羲生活的大地湾和今天的天水卦台山，都属于渭河支流葫芦河中下游区域，相距并不是很远。伏羲在今天的卦台山参透了世界运行的规律，他俯瞰三阳川古来的渭河从东向西呈"S"形将面前的大地一分为二，他观察日月星辰掌握了四季运行的法则。伏羲，一画开天，创了万世文明之滥觞。

　　伏羲创立的先天八卦图，是空间与时间和谐统一的结合，是远古时期华夏先祖对宇宙自然万物的终极认知。古人看地图和我们现在地理课本上的地图不一样，我们现在的地图是上北下南，而在中国古代，我们房屋的建造一般都是坐北朝南，这样更有利于采集光照，起到天然冬暖夏凉的作用。伏羲的先天八卦图刚好和我们现在的地图相反，先天八卦图上南下北更符合实际运用。伏羲创立时先天八卦图展示的是乾卦和坤卦表示南北相对的两个方位，离卦和坎卦分别代表东和西。从图中我们可以看中，东南西北表示的正是大自然的方位，代表的是空间。早晨太阳从东方升起，中午时分太阳在正南方，傍晚太阳落山。太阳周而复始地东边升起西边落下，这代表着时间。我们的华夏先祖伏羲参透了时间与空间的奥秘，用最简洁的符号，表示天地宇宙之间运行的道理。在远

49　杨天宇：《礼记译注》，上海古籍出版社，2007年，第36页。

古时期，人们从游牧到定居，必须了解春夏秋冬运行的法则，提前做好准备抵御寒冬的来临，掌握地理方位，更有利于建造房屋和识别方向。当然这其中蕴含着深奥的宇宙万物运行的自然规律。

（二）文王承袭

司马迁说："自伏羲作八卦。周文王演三百八十四爻而天下治。"司马迁在《报任安书》中说道："盖西伯拘而演《周易》。"周文王姬昌被商纣王囚禁羑里，根据伏羲的先天八卦图，推演出六十四卦，三百八十四爻。伏羲创立了先天八卦图，而之后便有了三个版本的易经，神农氏时期的《连山易》，轩辕氏时期的《归藏易》和周文王时期的《周易》，这都是我们所说的《易经》。相传《连山易》《归藏易》都已经失传。"说到这里，我们要有一个概念，现在的人讲《易经》，往往被这一本《周易》禁锢了，因为有人说《连山易》和《归藏易》已经遗失了、绝传了。事实上还有没有，这是一个大问题，可以说现在我们中国人所讲的"江湖"中这一套东西，如医药、堪舆，还有道家这一方面的东西，都是《连山》《归藏》两种易学的结合。"[50]

文王后天八卦图是对伏羲先天八卦图的继承和发展，随着社会的不断进步，文王开始把预测自然万物运行的规律和法则运用到历史社会的变迁上来，既然万事万物都生存在自然之中，社会的发展法则当然也蕴含其中。

《易》有三易：变易、简易、不易，这是《易经》三个大的法则。《易经》是讲究变化的，日月星辰都在不断变化；《易经》又是讲究简易的，我们从今天的天水秦安县和卦台山，伏羲一画开天，画的八卦图中可以看出，伏羲用最简单的八种符号，想要传授天地运行的自然规律。这给当时的祖先先民一定的指导意义。伏羲想用最简单的道理和符号阐释无穷无尽的道理。《易经》讲究的是不易，是万事万物总有一定的法则可寻，冬去春来，日出月落，祖先根据伏羲的先天八卦来掌握自然的运

50 南怀瑾:《易经杂说》,复旦大学出版社,2016 年,第 10 页。

行规律，以便更好地安排生活，特别是农业社会，春播秋收都需要按照二十四节气去安排，这就是在无穷无尽的变化之中，寻找那不变的真理。

要想找到中国文化的源头，必须重新认识伟大的华夏先祖伏羲创立的八卦。一般认为伏羲先天八卦为体，文王后天八卦为用。八卦分为八个方位，也代表天地山泽雷风等八种内涵的物质，这里并不是特指某种属性的东西。四象可代表四季，春夏秋冬。春属木指东，依此类推，十天干又分为阴阳，十二地支分为阴阳，他们分别化为东西南北中和金木水火土且互相匹配。人是宇宙中的一份子，时间空间方位一定，人当然也有规律，这就是命，我们生活在宇宙自然之中，人自然也有潜藏在背后的命运可寻。在秦安的女娲公祭仪式上，手持八卦扇的老百姓将舞蹈与八卦结合，按照八卦图的匹配规律将先民传承下来的智慧有节奏地表达出来。（图二）

从伏羲氏说起，《易经》影响了中国七千多年，它影响了中国的哲学思想，被称为中国群经之首的《易经》，几乎无所不包无所不含，例如中国的哲学、中医学、命理学（看手相、测八字、测字、看面相、立

图二（来源自 2015 年天水秦安女娲公祭大典活动现场）

四柱、摇铜钱等）和风水学，《易经》基本上涵盖了我们人类生活领域的方方面面，我们还可以在《易经》中看到古人生活和风俗的影子。

（三）孔子发扬

孔子晚而喜《易》，序《彖》《系》《象》《说卦》《文言》，读《易》，韦编三绝，曰："假我数年，若是，我于《易》则彬彬矣。"[51]从伏羲在甘肃天水卦台山画八卦，到周文王囚禁羑里演《周易》，到孔子晚年潜心研究《周易》。孔子作了《十翼》，阐述《周易》里包罗万象的哲理，孔子想给《周易》插上十副翅膀，让《周易》源远流长。《易经》是中国文化的源头活水和根脉，道家、儒家等诸子百家所有的思想都是围绕着《易经》来进行不断地阐释和发扬。《易经》中，理是哲学部分，象派和理派古今都存在的。《易经》本不复杂，就如孔子所说"洁静精微"，《易经》大道至简，却随着年代的久远和后人盲目地崇拜而蒙上了神秘的面纱。孔子想要揭开这神秘的面纱，从中汲取更多存在万物之中的道理，并且揭示中国天人合一思想的根源。人存在于宇宙之中，犹如沧海一粟，我们只能顺应自然大的法则，就如老子《道德经》里所说"人法地，地法天，天法道，道法自然。"[52]

我们生活在宇宙自然之中，古人观察太阳，每日都从东方升起，西方落下，大地任由人们开垦，而不抱怨。人从自然中学习，"天行健君子以自强不息，地势坤君子以厚德载物。"这两句话是说，人们应该像太阳一样，坚持不懈，持之以恒，自强不息，有像大地包含万物一样的品德和胸怀。日出而作，日落而息，与天地一样顺应自然，这便是吉，反之则为凶。

《易经》包含象、数、理三个部分。象：就是符号、图像，从中可以看到的现象，这与后世的文字有很大的渊源。数：就是运用数学的思维来计算未来。孔子也是会算卦的，这部分内容在《连山易》《归藏易》

51 司马迁：《史记·孔子世家》，中华书局出版社，2009 年，第 189 页
52 王弼：《老子道德经注》，中华书局出版社，2011 年，第 35 页。

《周易》都有所阐述。只不过自孔子以后的儒家大部分的工作都在阐述《易经》理的部分，《易经》数的部分也没有完全消失，比如民间的算命先生、看风水的堪舆家都继承了中国《易经》数的部分。从现在的思想来看，《易经》的思维是超前的和永恒的，万事万物都分为阴阳两部分，阴中有阳，阳中有阴。计算机的二进制也是从中国《易经》中汲取的。不过由于中国近代短暂的落后，新文化运动以来，把我们以前最有智慧的《易经》说成迷信，这是时代的悲哀。随着时代的发展，中国逐渐走进强国之林，我们要想做到民族自信、文化自信，就必须回到我们中华文化的源头——甘肃天水大地湾的伏羲文化去寻根、去探索。《易经》是华夏圣人留下的凝结至最简的智慧结晶，人类所有的发展变化都脱离不了《易经》的范畴。从伏羲开始，《易经》文化已经有七千多年的历史，从文王拘而演周易，也有两千年的历史，我们至今仍没有逃脱那个年代的智慧，并在不断地延伸和适应当代的变化。

伏羲仰观天文、俯察地理、中察人事发现存在天地之间的奥秘，《易经》这么神秘高深的学问只有极其聪慧的人才能够承袭，古代能够看懂《易经》的人寥寥无几，在中国史书上记载有名有姓通晓《易经》的人更是屈指可数。《易经》被奉为群经之首，中国所有思想的源泉都来自于《易经》。从远古时期的伏羲氏，到周文王在羑里推演《易经》，以及孔子晚年学习《易经》，这门学问贯穿了整个中华文明的发展史。

八卦与《易经》的真理在于将人视为天地之一物，与天地运行的真理相通，即天人合一的思想。老子即是继承了这样的思想，才在《道德经》中道："人法地，地法天，天法道，道法自然。"所以，老子才以天地变化的道理来谈道与德。孔子在研讨《周易》后，对此有了深刻的认识，但他显然并不满足。他对人类伦理与社会的治理有另一种认识，这又与伏羲制定人类伦理的传统进行了续接。从某种意义上来讲，八卦是一种运行的机制，但伦理则是运行的正理。这就是周文王与孔子解读《易经》的意义所在。那么，我们也就能理解孟子所信仰的"天地浩然

天水伏羲庙

正气存焉"的真理。[53]

　　不论是道教还是儒家思想，在本质上都是一脉相承的。从伏羲开始创立八卦，周文王、孔子都是八卦思想的继承和发展者。如果没有伏羲，中国文化的源头就无从谈起，要想找到中国文化的"源头活水"，我们必须对大地湾文化有深刻的认识，如此，中国华夏文明才能一脉相承、渊远流传。

53　徐兆寿：《佛道相望》，《甘肃文苑》2014 年第 03 期。

大地湾之谜

THE MYSTERY

OF DADI WAN

肆

第四章　大地一湾

DADI
YIWAN

一、第一村的发掘与当时社会伦理状况

"考古"这一名词，在汉语中出现很早。如北宋时期的学者吕大临就曾著《考古图》（1092 年）一书，但当时所谓"考古"，仅限于对一些传世青铜器与石刻等物品的搜集和整理，与近代意义上的考古学含义区别甚大。在史前文明的考古中，因为缺乏文字的记载，所以很大程度上是站在一种人类脱离动物属性进而摆脱原始野蛮走向文明的过渡阶段来审视的。不管是3600 年前商代的殷墟文明，还是4000 多年前夏代的二里头文明，都不是中华文明的起源。直到 1984 年，大地湾遗址向世人揭开了自己神秘的面纱，从此，"中华民族有 8000 年的文明史已毫无疑问"。而华夏先民在这里创造的古老文明到底是怎样的？这个被称作"华夏第一村"的古老聚落又经历了哪些演变？这些问题将在本章逐一进行讨论。

（一）大地湾遗址的发掘

20 世纪 70 年代，人们在进行农田开垦时不断发现精美文物，经考古研究所复查后，于 1978 年 7 月，由

图一 〔来源:大地湾文物保护研究所〕

甘肃省博物馆和秦安县文物馆组成大地湾发掘组,开始进行大规模发掘。发掘小组首先对清水河南岸第一台地进行了两次发掘,共清理出仰韶文化房基 127 座,窑址 33 座,灰坑 200 多个,墓葬 42 座。如此丰富的遗址文化令人惊叹,但"大地湾"给人的惊喜远不止于此。1979 年,考古人员发现了早于仰韶文化半坡类型的文化遗存——大地湾一期文化,并发掘清理出一期文化遗迹 200 多平方米,墓葬 11 座,灰坑 2 个。[54] (图一)

1980 年,大地湾发掘组在前两次发掘的基础上,继续进行挖掘,发现文化堆积层共有 5 层。同时,在 2000 多平方米的范围内,又发现一期房基 3 座,灰坑 1 个,墓葬 5 座,出土陶、石、骨器 200 余件。截至年底,考古人员在 4000 多平方米的范围内,先后发现一期房基 3 座,灰坑 13 个,墓葬 16 座,出土器物共 300 余件。同年,甘肃省文物工作队在第五发掘区发现了一座仰韶文化晚期的大型房屋建筑遗址(编号 F405),距今约 5000 年。

1982 年甘肃省文物工作队对遗址进行了第五个年度的发掘。发掘点

---

54 秦安县志编纂委员会:《秦安县志》,甘肃人民出版社,2001 年第一版,第 999 页。

选在清水河南岸的第二级河谷阶地上，总编号为第九区。发掘工作历时 4 个月，开方 13 个，实际揭露面积 1050 平方米，共发现房址 25 座，灶坑 8 个，灰坑 77 个，窑址 6 座，出土陶、石、骨、角、蚌器等 1200 余件，属单一的仰韶文化晚期遗存。这次发掘全面揭示了甘肃东部地区仰韶晚期文化面貌，同年 10 月在第五发掘区又发掘到一座距今约 5000 年的绘有地画的房基遗址（编号为 F411）。[55]

1983 年，考古工作者开始了第十区的发掘。第十区位于遗址半山腰一修整的水平梯田上，在此区，考古队发现了一座罕见的仰韶文化晚期距今约 5000 年左右的特大型房址（编号为 F901，坐落在第十区北半部）。发掘人员历经两年，于 1984 年 8 月基本将其揭露了出来。

1984 年是大地湾遗址发掘的最后一年，考古人员继续对 F901 房址进行了详细探查。同时，在第十发掘区首次发现类似于甘肃镇原常山下层的文化遗存。该遗存叠压于仰韶文化晚期之上，分布面积 235 平方米，发现白灰面房址 2 个，灰坑 5 个，出土少量的陶、石、骨器。

1979 年，大地湾一期遗址的文化命名一时成为考古学界研究和争论的焦点，在经过一系列学术讨论之后，基本达成共识，普遍将"大地湾一期遗存"所代表的考古文化称为"大地湾文化"，又名"老官台文化"或"大地湾一期文化"。它的命名对于了解渭河流域新石器时代早期文化的基本内涵、发展脉络及其相互关系具有重要意义。[56]

(二)当时社会伦理情况

对于"大地湾遗址"这块充满吸引力的神秘沃土来说，漫长的考古工作只进行了不到 1% 的发掘，还有许多可能性深埋地下，正在等待被世人发现。大地湾遗址的发掘，揭示了大地湾聚落历经三千多年，从产生到鼎盛再到消亡的历史进程。旧石器时代，远古的先祖就开始在渭河流域寄居，渔猎、采集是当时人们的主要生存方式，大肆地屠杀导致肉食资

---

55 秦安县志编纂委员会：《秦安县志》，甘肃人民出版社，2001 年第一版，第 1000 页。

56 秦安县志编纂委员会：《秦安县志》，甘肃人民出版社，2001 年第一版，第 1008 页。

源急剧减少。[57]这迫使人们不得不转向植物资源，也正是因此，原始农业开始发展。大地湾文化也在此时走上了历史舞台，当地出土了许多石刀、石镰的雏形石器以及黍、油菜的种子，并且墓葬中存有众多猪、狗的骨骼，这些证据无疑表明大地湾的农业已经比较成熟。正是成型的农业和家养动物的产生，促使人类逐渐告别向大自然无穷掠取的狩猎采集经济时代，逐步按照人类的需求进行食物等生活必需品的再生产，因此历史学家称之为"农业革命"。"仓廪实而知礼仪"，人们的精神生活开始丰富起来。陶器上的纹饰变得纷繁复杂，装饰意味渐浓。建筑形式由圆形变为方形，由地穴式变为平地起建，终于建成了象征着当时最高建筑水平的F901宫殿式建筑。但从此以后，大地湾遗址的文化面貌呈日渐衰落之势，至距今约4900年时消亡。[58]大地湾遗迹中出土的陶罐上画有文字寓意的符号，这是汉字的雏形；石刀、石镰、黍、油菜等，这是原始农业的痕迹；最重要的是已经初具城市规模的宫殿遗址，这是早期先民对社会伦理的初探。这一切均是中华文明悠久、博大和先进的典型代表，是中华文明火花的最初闪现，若用村落来代表八千年前的遗迹，这人类历史上的大地湾也不愧为"华夏第一村"了。

二、遗址图片及解说

大地湾遗址文化内涵丰富，尤其是很多房屋遗址保存完好，早晚叠压关系清晰，这就为进一步研究各时期房屋建筑特征的发展与变化提供了宝贵的资料。第一阶段（大地湾一期阶段），房基遗址可以确定的仅有4座，均为椭圆形袋状。（图二）

半地穴式建筑，口略小于底，穴壁较深，直径在2.5~3.2米之间，最深处在0.76~0.94米之间，斜坡门道，地面不太平整，无灶坑，其中有一座在穴壁上有火烧痕迹。室中有1~2个柱洞，穴壁周围分布有向内倾斜

57 马文·哈里斯：《文化的起源》北京：华夏出版社，1988年。
58 安成邦、陈发虎：《大地湾遗址及其文化地位》《兰州大学学报》(社会科学版)2000。

的柱洞，穴壁没有草泥涂抹痕迹。居住面均有一层被踩踏而成的硬面。

图二 （来源：大地湾博物馆）

第二阶段（即仰韶文化早期阶段），房基遗址出土较多，大多为前宽后窄的方形圆角半地穴式，其穴壁一般也较深，最深者可达1米。虽然这一时期的居穴深度与大地湾一期的房基地穴深度区别不大，但其穴室的面积却扩大了许多，一般在9~69平方米之间。此阶段的房屋遗迹拥有狭长的台阶式门道，圆形深灶坑，灶坑和台阶间开一个长方形深坑作为通风坑，通风坑与灶坑底部有一通风孔道相通，穴壁四周分布有竖穴柱洞，室中有四个梁柱呈方形分布。（图三）

图三 （来源：大地湾博物馆）

第三阶段（仰韶文化中期阶段），属于这一阶段的房基遗迹较多，但未发现较大规模的房屋遗迹，一般在9~64平方米之间。仅见有中小型方形或横长方形圆角半地穴式建筑，其建筑方法大体与

图四 （来源：大地湾博物馆）

仰韶早期相同，唯一不同的是穴壁较浅，一般在 0.2~0.4 米之间，这样可以更进一步降低室内潮湿度。灶坑也较早期变浅增大，这样不仅可以改善其通风条件，同时也可增强火的燃烧力并易于除灰。居住面上已少见用红色颜料涂抹的现象，室内中间梁柱也多改为两柱支撑。（图四）

第四阶段（即仰韶晚期阶段），是大地湾遗址中的一个突变阶段，阴暗潮湿的半地穴式改为平地起建，多采用竖木柱作骨，草泥垛墙，一般称作"木骨泥墙"，白灰面铺地，早期沿用灶坑，中期改变为灶圈，晚期上升为灶台。门前无长门道，而是由一长方形门棚式建筑代替，或称作"门斗"。房基遗址还保留着前宽后窄的建筑形式，个别房基内还发现有双连灶坑的现象。（图五）

被誉为"中国最早的宫殿建筑"的 F901 号建筑，总面积 420 平方米，是一座三开门、带檐廊的大型建筑，相当于现在的"乡政府"。（图六、图七）

据考证，这里应该是部落的会议中心，或是原始宗教祭祀的地方，由主室、东西两侧室和后室、门前附属物构成，总面积约 420 平方米，

图五　〔来源：大地湾博物馆〕

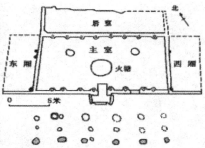

图六 〔来源:大地湾文物保护研究所〕　　图七 〔来源:大地湾文物保护研究所〕

并在墙壁、门、灶台的设计布局上还增加了防火保护层,是中国木结构建筑的典型代表(图八)。从这里还发掘出陶制量器,推测这里也可能是首领给居民分配粮食的地方。它的发现代表了仰韶建筑的最高成就,其一是建筑规模巨大;其二是工艺精良,方法先进;其三是布局规整,平衡对称。这是富有中华文化特色的宫殿建筑雏形,而且开创了后世我国传统八柱九开间建筑模式的先河,是具有划时代意义的建筑丰碑。

遗址宫殿建筑主室的地面材料,全部为料礓石和砂石混凝而成,类似现代水泥。"混凝土"地面平整光滑,充分显示了当时生产力的提高和建筑技术的发展。[59]与古罗马人用火山灰制成的水泥同属世界上最古老的"混凝土"。考古发掘表明,大地湾其他晚期房址也大量存在

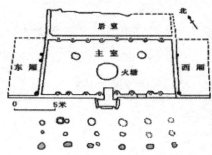

图八　　　　　　　　　　　　　　图九 〔来源:大地湾文物保护研究所〕

59 甘肃省博物馆,秦安县文化馆大地湾发掘小组:《一九八〇年秦安县大地湾一期文化遗存发掘简报》《考古与文物》,1982 年第 2 期。

图十　（来源：大地湾博物馆）

混凝土地面。这说明料礓石和砂石的混凝技术已被 5000 年前的大地湾先民熟练掌握并广泛使用，至于混凝土技术何时发明，又如何制作，尚不得而知。（图九）

　　此外，考古工作者在发掘时还发现，大地湾先民在混凝土地面之下，还使用了一种可防潮保暖、坚固地基的类似现代"轻骨料"的建筑材料，这些东西状如糯米粒，颜色各异，中空有隙。但我国现代建筑发明和使用"轻骨料"，有据可查的也要到清代晚期了。（图十）

　　大地湾"混凝土"的发明其实来源于先民打磨石器时的经验总结。大地湾出土的生产工具以磨制石器居多，打磨石器时，不断有碎石和粉末产生，为了防止摩擦发热和钻孔时打滑，他们不断地往石器上加水和沙子，无意间，石粉、沙子和水自然混合产生了原始"混凝土"。

三、华夏第一村的生活及其意义

　　大地湾一期文化持续了三千多年，其遗址是西部地区早中期新石器遗存的代表。尤其从仰韶前一千年到仰韶晚期这个阶段的文明发展速度令人惊叹，它不仅展现了黄河中上游地区发达的远古文化，也对我国新石器时代及未来的发展产生了深远影响。而我们的先辈是如何在这片土地上繁衍生息，建造属于自己的家园和文明？这永远是令人心动的话题。

(一)华夏第一村的生活

大地湾遗址中的房屋遗址数量较多，共有200余座。一期文化层内发现了三座，均为椭圆形地穴式建筑，其穴口直径在2.5~2.7米之间，居住面积仅6~7平方米。居住面亦不平整，但经长期踩踏而成一层硬面。曲折的门道呈斜状形，没有发现灶坑。虽然这时候建筑水平很落后，居住条件很差，人们首先以果腹保暖为主要目的。但是其印证了原始建筑由"穴居、半穴居发展到地面建筑"的过程，成为我国北方地区人类半穴居建筑的典范。我们可以想象，距今8000年的大地湾先民脱离了只依靠居住天然洞穴的居住方式而拥有这样的简陋的窝棚式建筑。看似简陋的房屋建筑，为先民躲避雨雪，遮寒暑，防止虫蛇猛兽的攻击提供了栖身之所，从而为增强人类体质，延长寿命，提供了有利的条件。

仰韶文化层早期的房址，保存较好的均属中小型建筑，其居住面多呈长方形或正方形，面积一般在12~20平方米左右，以单间建筑为主，多半是半地穴式建筑，结构分为门道、居住面、墙壁、灶坑等部分。其居住面铺泥多层，门道呈斜坡状，有的有台阶；灶坑多为瓢状，较浅，正对门道处有一火种洞。它们以广场为中心呈扇形多层分布，除2座房址外，门均朝向中心广场。从这样的房屋建筑可以看出，随着时间的推移，人类的劳动能力和农业水平不断提高，生活质量有了大幅度改善，人类开始对自己的居住环境有了新要求，开始从穴避到半穴居居住方式的过渡。并且方正的形状表达出当时先民对规则建筑的追求。尤其是灶坑的出现，证明了人们对火的熟练使用。(图十一、十二)

中期的房址发现数量较多，其形状仍为长方形或方形半地穴式建筑，面积有所扩大，有的达60平方米。房内灶坑形状与早期不同，改为圆形

直筒状，坑穴变深，居住面上有对称的两个或四个柱洞，有的房址已经
采用木骨泥墙，以增大屋内的居住面积。结构上一般在灶坑与门道之间
增设了一个与门道相通的风洞。有的门道两壁还发现有对应的两个小洞，
可能是插入木棍作堵门之用。有的四壁都是颜色均匀的烧红土壁，居住
地面多为草泥土，有些在草泥土面上又用石沫铺设。从以上描述中可以
看出，主要变化体现在灶坑形状以及泥墙的材质上。其实在 M213 瓮棺
葬遗址中，发现了数段木炭和儿童尸骨，这无疑说明当时建筑中的瓢状
灶坑太过危险，经常有失火事故发生，这也是后来灶坑变深的主要原因。
而泥墙材质的改进无疑也是多次实验得出的结果，这种材料使房屋更加
坚固也更安全，也为后期混凝土材料的出现打下基础。

　　到了晚期，房址面积已达到 150 余平方米，这时最大的特点是以平
地起建为主，半地穴式很少见，出现了殿堂式的房屋建筑，如 1983 年考
古队员在大地湾半山腰间发现的一座仰韶文化晚期的大型房址 F901，也
是大地湾文化中最重要的房屋遗址之一。其总面积达 420 平方米，整个
建筑分主室、东西侧室、后室、门前附属四部分。整个大厅地面由类似
于现代水泥地材料的料礓石和砂石混凝而成，光滑平整。经过专家测定，
其强度约等于 100 号水泥砂浆地面。可以看出，这个阶段是大地湾遗址
史前聚落的鼎盛阶段。聚落巧妙地利用黄土高原的自然地貌依山而建，
背山面河，两侧分别以沟壑为天然屏障，完全体现了摆脱穴居走向地面

图十一　（来源：大地湾遗址）

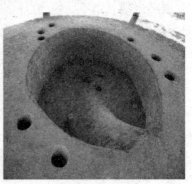

图十二　（来源：大地湾遗址）

建筑的过程，大大显露了先民规划建筑的卓越才能。这样的大型建筑，已经不是普通聚落里的住宅，而是举行大型祭祀和集会的会堂。这样的大型宫殿式建筑不仅体现了当时工匠令人折服的精湛技艺，也为研究五千多年前大地湾人等级区分和礼仪产生提供了重要依据。[60]

聚落形态的演变，通常能非常直观地展现出社会结构的变化和人口的数量。如果将家庭视为基本的社会生活单位，那么大地湾早期社会结构应为若干个大家族共同组成一个部落，这个阶段发现房址共 50 座，考虑到发掘过程中时间线的不确定性，其实际数量要略少于发现数量。如推测已揭露的范围是原聚落的一半，而未揭露的部分保持与已发掘范围大体相同的房址数量，那么房址总数保守估计应在 70 到 80 座左右。根据比例，中型房址约有 15 座，每一座和周围的几座小房址构成一个家族。每个家族人口假设有 15 至 20 人，那么整个聚落人口总量约在 300 人左右。而大地湾晚仰韶期的基本生活单位可能已经由父系家庭取代了原来的家族，社会组织相应地转变为"部落—氏族—家族—家庭"四级。[61]虽因发掘面积有限难以预估人口，不过大型宫殿式建筑的出现无疑预示了当时人口的剧烈增长。尤其是房屋遗址 F901 的发现，代表了大地湾时期社会发展的高潮阶段，更加表现了当时社会文明令人惊叹的发展程度。

(二)华夏第一村发现的意义

动物标本鉴定结果表明，在大地湾文化持续的三千年中，动物数量以及种类呈大幅度下降趋势，这也表明了当地因为过度开垦捕猎造成的生态环境破坏，似乎某种程度上预示着文明消失的原因。对于大地湾的消失，专家有过众多讨论，有瘟疫说、火灾说、民族侵入说。不论是怎样结束的，大地湾聚落已成为当时清水河岸各部落的中心，其鼎盛时期也是我国目前考古发现中同一时期绝无仅有的辉煌，大地湾遗址产生了中国最早的彩陶、最早的旱作农作物标本、最早的文字雏形、最早的宫

60 秦安县志编纂委员会:《秦安县志》,甘肃人民出版社 2001 年第一版,第 1006 页。
61 郎树德:《甘肃秦安县大地湾遗址聚落形态及其演变》《考古》2003 年第 6 期。

殿式建筑、最早的"混凝土"地面、最早的绘画、最早的度量衡与十进制等。沧海桑田，曾经繁荣的部落已被历史翻涌而来的黄沙所掩埋，但先辈的智慧光芒依然闪闪发光。大地湾这片厚重的土地上还诞生了太多的人类历史之最。若能穿越时空的长河，我们就能想象那淙淙流淌的清水河旁茂密的草木，男人在大象棕熊频频出没的树林间狩猎，女人采集果实种植谷物，人们在傍晚点起篝火跳起舞蹈庆祝，并将灵动的舞姿和狩猎的场景绘于泥陶瓦罐之上。六畜兴旺、丰衣足食，人类产生了精神上的需求与渴望，女人用动物的骨头磨制发簪，带上绘制着精美花纹的陶镯，用纤细的骨针为族人缝制衣裳。不满足口头交流的限制，他们甚至开始用简单的原始文字记录信息。这都证明居住在大地湾的先祖拥有令人惊叹的胆识与魄力。

大地湾遗址以其文化类型多、延续时间长、历史渊源早、技艺水平高、分布面积广、面貌保存好，对探索中国古代建筑的渊源，对 5000 年中华文明的形成提供了重要线索。大地湾遗址是迄今为止在甘肃省发现时代最早、最重要的新石器时期大型聚落遗址，是 20 世纪中国百项重大考古发现之一，是甘肃省"华夏文明八千年"的代表性和支撑性文化遗存。如今，甘肃大地湾文化保护研究所正式交由天水市政府直属管理，几十年间众多学者以及各界人士都为保护和开发大地湾遗址付出了无数心血。除了科研意义，它的发现还使黄河流域乃至华夏同胞产生了发自内心的归属感，当我们走进这片神奇的大地，我们的身体乃至灵魂就有了自己的注解。大地湾文化，不仅是中华文明的曙光，也是几千年来华夏文化的重要奠基。

四、礼仪的产生

人类社会形成中的第一种社会形态——原始社会，在我国浩如烟海的历史中，曾是十分重要的一个发展阶段。而原始社会又可分为原始人群和氏族公社两个历史阶段，根据大量的考古资料显示，出现在距今六

七十万年前，举世闻名的周口店北京猿人、陕西蓝田猿人就是我国最早
具备社会组织形式的原始人群。而在距今四五万年左右，原始社会开始
由原始人群过渡进入氏族公社，而到距今七八千年左右，黄河流域的氏
族公社有了很大发展，达到了空前繁荣的阶段，并且已经出现了由社会
关系为纽带结成氏族公社，过着集体生产、均等分配、无私有制、无阶
级的原始共产社会般的田园生活。作为仰韶文化早期代表的甘肃天水市
秦安大地湾遗址，是黄河流域最具典型的氏族公社的聚落遗址，它的发
现反映出当时的氏族公社繁荣的经济生活与完善的社会组织形态。

(一)等级制的产生

复杂的礼仪中心是文明社会的标志之一。经过研究表明，大地湾早
期生产力低下，长期处在未开化的野蛮时代，但文明的种子已经逐渐开
始发芽。到了大地湾仰韶晚期，聚落和大型宫殿遗址开始出现。大地湾
F901"宫殿式"建筑不但面积大，而且在其附属建筑上还整齐排列有12
个柱洞。专家推论这12个柱洞可能是供12个氏族竖立图腾铸的，也可
能是供12个部落各自竖立旗杆用的。而柱洞前面的一排青石板则可能是
各氏族或部落以供祭享的。这样看来，F901房址就"应是部落或部落联
盟的公共活动场所，主要用于集会、祭祀或举行某种仪式。换言之，它
是五营河沿岸仰韶晚期原始部落的公共活动中心。"[62]F901主室出土的一
组陶器则更加印证了这一点。考古工作者在F901房址出土了8件基本完
整或大部分完整的陶器，专家分析，这组陶器并不是一般日常生活用具，
显然有特殊用途。联系F901房址的特殊性，专家推断，这组陶器要么是
原始礼仪活动中使用的礼器[63]，要么就是最原始的度量衡器。[64]如果是原
始礼仪活动中使用的礼器，则说明像四足鼎这样的陶器是原始礼仪活动
繁盛的产物；如果是度量衡器（专家认为其比值关系为：箕形大抄容积

---

62 甘肃文物工作队：《甘肃秦安大地湾F901房址发掘简报》《文物》，1968年第2期。
63 郎树德：《大地湾考古与中国文明起源的线索》。
64 赵建龙：《大地湾古量器及分配制度初探》//程晓钟：《大地湾考古研究文集》.兰州:甘肃文化出版社,2002。

是铲形小抄的 2 倍，条形盘容积是铲形小抄的 1/10，铲形小抄容积又是深腹罐容积的 1/10），则说明大地湾晚期已存在市场、交换、分配关系，表明当时已存在等级制。[65]

除了宫殿式建筑，居住在清水河畔长达 3000 余年的大地湾先民们使用的生产、生活用品以及住宅房屋和建筑技术，也随着社会生产的发展需要而经历着空前变化，但由于当时生产力低下，生产工具简陋，以及贫乏的劳动经验，导致先民们只能依靠集体的力量，生产更多的生活必需品来同自然界斗争，最终得以生存与发展。为了适应集体生产，土地、森林、河流和劳动产品等资源就需要归氏族集体所有。这种生产资料和劳动产品集体占有的经济制度，只存在于以血缘关系为纽带、规模不大的氏族公社范围内。它正是由集体的特质所决定的。大地湾氏族部落时期的居民，按性别进行自然分工，在首领的组织领导下从事以原始农业为主，兼有采集、渔猎、动物驯养和原始手工业等一系列物质创造的生产活动。

作为从采集到种植的过渡阶段，原始农业生产是大地湾原始居民所从事的最重要的生产活动，在当时人们的经济生活中占有首要地位。而当时的妇女在长期的野生植物的采集过程中，通过细心观察、比对和无数次的试种后发现，某些风味独特、营养丰富的可食用野生植物通过驯化种植后可以供人工栽培，提供产量较为稳定的农作物，原始农业由此开创。经鉴定，在大地湾一期出土的碳化植物种子，就是五谷之一的禾本科植物——黍（俗称糜子），是国内出土最早的同类植物。自然环境的独特性为大地湾的居民进行原始农业的生产提供了优越的条件。

大地湾遗址出土的农业生产工具主要有石制、陶制、骨制三种。石制包括石斧、石刀、石镰、石铲、石凿、磨石、石弹丸、石球、石纺轮等；陶制包括陶刀、陶球、陶弹丸、陶纺轮等；骨制包括骨锥、骨镞、角锥等。这表明当时的农业生产还处于比较原始的"刀耕火种"阶段。

---

65 孙周秦、宋进喜：《从大地湾遗址看中华文明的起源》《天水师范学院学报》，2008 年。

当时的生产大致是这样的：首先氏族成员集体用石斧等砍伐工具将土地上的树木杂草清理平整，待晒干后焚烧，草木灰留做肥料，然后用石制或木制工具掘洞点种。据推测，大地湾先民很可能使用随处易得的木棒火烧或削尖来播种，利用树枝、树杈做成的木锄用来进行掘土，因为这些工具制作简单，取材方便，经济实用。

由于生产生活条件的提升与人口的增长，每个氏族就开始推举勤劳勇敢、办事公正、对氏族有较大贡献、享有威望的人为首领来管理整个氏族。这些首领虽然有领导和指挥的权力，但同一般氏族成员处于完全平等的地位，没有特权，也不脱离劳动，他们受全体氏族成员的委托，职责是为全体氏族成员进行服务。有关全氏族的一些重大事务，首领与氏族成员共同商量决定。首领如果不称职，可以通过氏族大会进行改选或罢免。氏族的最高权力机关是建立在氏族民主制基础上的氏族大会，这种带有原始色彩的民主，正是当时氏族社会生活的一个基本特征。

（二）大地湾文化中的母系社会

被誉为"华夏第一村"的大地湾二期村落遗址，是一座典型的仰韶早期村落，周围有护城的壕沟环绕，墓葬区域坐落于村落西边，村落中心则分布着居住区、制陶区、手工作坊以及窑址。其中有石斧、石刀、骨锥、陶纺轮、夹砂红陶罐、细泥红陶罐、瓶、碗、体、杯等以及彩陶

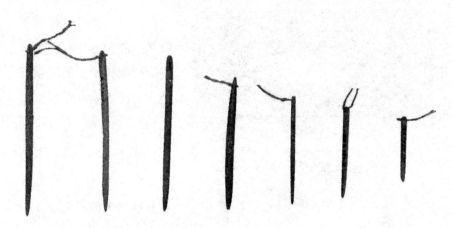

图十三　（来源：大地湾博物馆）

大地湾文化出土陶器

大地湾文化出土陶器

大地湾文化出土陶器

罐、骨匕、骨针（图十三）陶锉、蚌壳、兽骨等达50多件。这所建筑略大于一般房屋，出土文物又最多，是氏族（家族）首领、老年成员和未成年的男女少年生活居住的地方，村落中其他房屋的正门都面对着这座建筑，形成一种类似同心圆的结构布局。这样，就在氏族内部建筑的空间形态中形成了一个完整的有机体，这种规整严密的布局是氏族公社组织在房屋建筑方面的反映。

在其他几期的建筑中，都可以发现较多相对豪华的中大型建筑，显而易见这是提供给部落首领或地位比较高的人居住的，房屋的差别预示了聚落里开始有等级的划分。人们最低级的生理需求得到了满足，开始出现了精神层面的追求，当剩余价值积累越来越庞大时，礼仪便自然而然地出现了。初级的礼仪，自然是对部落中地位高的人产生尊重。F901宫殿，揭示出人们已经建设了大型祭祀集会的场所，有了敬畏便产生了尊重，这就是礼仪诞生的源头。

在氏族社会里，由于人类的发展进入了新旧石器时代的过渡阶段，人类体质中的原始蛮性渐渐消失，村落定居和原始农业提供的相对稳定的生活环境与女性温柔、公平、可塑性强等特质，让女性渐渐在社会外部与家庭内部受人尊敬，并处于支配地位。另一方面，在整个的考古发掘过程中并没有发现男女合葬墓，因此我们可以推断，当时的氏族组织的中心是以女性血缘关系为纽带缔结的，而墓葬的形制也正好反映了母系血缘关系下的对偶婚姻。它意味着夫妻双方分属于不同的氏族，没有共同的财产，只有原始而单纯的夫妻关系。生前归属于不同的氏族，死后也埋葬在分属各自母系氏族的墓地内，子女由母亲单独抚养长大，与父亲很少一起生活，因此形成了"只知其母，不认其父"的状况，且财产由女子继承。因此在当时看来"养儿不如养女，女儿是根种"。另外，从随葬的生活用具和装饰品看，当时人们过着"有田同耕，有饭同食，有衣同穿，有钱同使，无处不均匀，无人不饱暖"的原始共产主义的生活。从大地湾晚期开始母系社会逐渐转变为父系社会，部落结构发生转变。

总之，大地湾遗址的埋葬制度与整个村落布局及生活状况，充分反映了氏族公社制度尤其是氏族（母系）血缘关系在社会关系中的牢固性。氏族集体中的每个氏族成员都依赖集体而生存，氏族的基本单位则是由每个成员所构成从而形成的一个整体。依靠这种血缘关系，人们共同劳动，产品平均分配，过着没有私有制没有阶级的原始共产生活。正如恩格斯指出："这种十分单纯质朴的氏族制度是一种多么美妙的制度啊！没有军队、宪兵和警察，没有贵族、国王、总督、地方官和法官，没有监狱，没有诉讼而一切都是有条有理的。"[66]

大地湾时期的生产生活方式以农业为主，兼营渔猎、采集、家畜饲

---

66 汪国富：《浅析大地湾母系氏族社会》《丝绸之路·文论总》，2003年第7期。

养、制陶、纺织等各类手工业，而农业生产始终是全部经济活动的重要支柱，占据主导地位，其他各业成为经济生活必要的延续和补充。正是由于这种原因，才促使史前居民开始营建规模巨大、布局严谨的聚落，过上长久稳定的定居生活。繁衍人口，发展生产，仓廪实而知礼节，男女地位的转换，集会等级的产生，礼仪的逐渐完善丰富，无不呈现出一派生机勃勃的繁荣景象。

大地湾之谜

THE MYSTERY
OF DADI WAN

第五章 钻木取火

ZUANMU
QUHUO

一、"新石器时代"的来龙去脉

(一)新石器时代的概念

以新石器时代作为研究对象的考古学在人类文化发展史上占有非常重要的地位。它不仅标志着人类在大自然中独立的开始，而且也催生了在人类文明史上关于未来的所有可能，由于世界上不同地域自然环境的差异，生活在两河流域和黄河流域的先民们，在石器时代就开启了人类文明的进程。首次使用"旧石器时代"和"新石器时代"这两个概念的是英国考古学家约翰·拉布克（1834—1913），他在 1865 年出版的《史前时代》一书中提出新石器时代或新的石器时代（New Stone Age）是较晚的或磨制石器的时代。

新石器时代（neolithic），指在考古学上石器时代的最后一个阶段，以使用磨制石器为标志的人类物质文化发展阶段。这一名称是英国考古学家卢伯克于 1865 年首先提出的，这个时代在地质年代上已进入全新世，继旧石器时代之后，或经过中石器时代的过渡而发展起来，属于石器时代的后期。新石器时代大约从 1 万年前开始，结束时间从距今 5000 多年至 2000 多年不等。

这一时期的特点是利用燧石等石头创造出精美的武器和工具，很显然，以磨制石器为主要体现形式，是"新石器时代"在考古界区别于其他石器时代的唯一特征。

20 世纪 90 年代考古学家在用同一种事物参考人类历史分期阶段的同时，一些人类学家和民族学家，在研究一些残留下来的原始民族遗迹时有了一些发现。1873 年，尼尔逊将人类的社会进行分类：打猎（收集采集）、放牧或游牧、农耕和文明四个不同的阶层，第一次把农耕当成了一个比一般文明更早诞生的标志性产物。美国著名的民族学家摩尔根在《古代社会》中又对人类的社会进行了更加确信且不同的划分：野蛮、开化、文明三个阶段，并且于每一个阶段都拟定了一个特殊的标志。（表一）

时代	状态
（一）野蛮时代初期	野蛮低级状态——从人类之幼稚期以至次一时期的开始。
（二）野蛮时代中期	野蛮中级状态——从鱼类食物及用火知识的获得以至次一时期的开始。
（三）野蛮时代晚期	野蛮高级状态——从弓矢的发明以至次一时期的开始。
（四）开化时代初期	开化低级状态——从制陶术的发明以至次一时期的开始。
（五）开化时代中期	开化中级状态——东半球从饲养家畜，西半球从灌溉栽培玉蜀黍和其他植物以及使用日晒砖及石头，以至次一时期的开始。
（六）开化时代晚期	开化高级状态——从冶铁技术的发明及铁工具的使用，以至次一时期的开始。
（七）文明时代	文明状态——从音标字母的发明及文字的使用以至现在。

表一（来源：网络）

如图所示，开化时代的标志就是"制陶术的发明和使用，从各方面讲，或可选用为区划野蛮时代与开化时代之间的境界线的最有效和最确实的标准"，开化时代的初始，开始于陶器的生产，恩格斯比较赞赏摩尔根的分期法，在此基础上进行了某些观点的扩充，将这一个时期的标志改成了："对于一些动物的驯化养殖，以及植物的种植"

(二)新石器时代的划分标志

1926 年，人类学家布基又综合了考古学和人类学对于不同时期关于新石器时代的划分，将人类学当中的分期准则引入到考古学当中来，正式提出新石器时代所具有的四个显著特征：农耕、制陶术、磨光石器、家畜饲养。所以笔者认为新石器时代其实不能以农耕或畜牧业的出现作为起点，磨制石器的使用才是它真正开始的标志。

前文提到磨制石器是新石器时代诞生的重要特征之一。有一些研究表明，磨制石器的出现意味着农业的诞生，对考古学和民族学相关材料研究后发现，真实的情况其实要比我们现在了解的情况要复杂得多。磨制石器是指该石器在制作过程中以磨制手法为主，选择材料，打制配料，后期修葺等等一系列的成体系的技术所制造完成的石器。众所周知，"磨制"这一种手法其实很早就出现了，从山顶洞人遗址中发现的骨针已经能体现出非常高超的磨制技术了。对早期的一些磨制石器研究后发现，初期的磨制石器都会使用磨制手法给石器打磨出锋利的刃部，这在制作技艺和石器的外部形态上都能很明显的观察到。仅仅磨制了刃部的这些石器，其实是很难在农耕中起到实质性作用。对中石器时代出现和平文化的地带进行研究时发现，那个阶段就已经出现了一些打磨了刃部的石头制作的斧头。

二、新石器时代中国出土相关石器简介

对这些石器的用途进行划分，我们发现：石器中大部分是各种各样的生产工具，在农业、手工业、打鱼狩猎和日常的生活中被广泛应用，

为当时的生产生活带来了极大的便利。在中国，农业文化占据了新石器时代的主要地位，所以在各种石器当中，刀、铲、锛、镰、凿、斧、镞等磨制石器工具最为实用。除此之外，还有一些用玉石精心打磨而制成的装饰品以及各种贵重的礼器，不仅有实用价值，还能丰富人们的精神生活。在中国，新石器时代经历了多个时期的延续和发展，所以在不同地区表现出具有明显差异的地域特色。

在将中国的旧石器与新石器的特征进行比较时发现：中国新石器的特征可以概括为：第一，前期阶段对于打制石器的依赖程度较高，磨制石器在逐步缓慢地发展；第二，在对于磨制石器进行了广泛使用后，磨制技艺使得石器的器形更加规整，而且具备了更加具象化的分类；第三，穿孔的出现标志着中晚期的石器发生了显著改进，使其不但具有装饰功能，更能通过柄组合出更加复杂的石器，这也是新石器的一个非常显著的特征，工具正在一步步地变得更加先进；第四，由于中国的新石器时代农牧业的发展尤为明显，所以石刀、石铲、石镰等农业工具最为盛行，当然也反映出先民对自然的改造逐步开始；第五，在造型方面，新石器中石制的镞、锛、斧等器形为以后金属器的造型奠定了基础。

(一)石器的制作、种类和用途

根据用途的不同，对于石器的材质也有着不同的要求，当时的居民已经懂得了对不同石器原料进行挑选。在普通情况下，一般选择坚硬程度比较高的矽质灰岩、石英岩、矽板岩、玄武岩等石料来作为石凿、石斧、石锛等器的原料[67]；而在制作较为轻薄的石刀、石镞等工具时，更倾向于选用硬度比较小、易于剥离成片的页岩、变质岩；在制造一些较为纤细的石器时，选择采用玛瑙、碧玉、燧石、蛋白石等由矽质构成的砾石。

(二)打制石器

打制石器顾名思义，就是指用直接打击的手法制作成器。在制作方

---

67 汤惠生：《旧石器时代石斧的认知考古学研究》《东南文化》，2004年第6期。

法上有的承袭了旧石器的一些器形和打法，比如一些新石器时代的早期遗址中出土的刮器、削器以及砍器和砸器，不难发现这些工具是早期渔猎经济时代的一些劳动工具。就算到了新石器时代的晚期石器，打制石器仍然在石器总量中占有的一定数量，比如仰韶文化体系中的打制缺口石刀，其实就是适应了农业经济时代的产物。经过研究发现，细石器主要分布在北方地区，细石器主要以间接打制法制作的细石叶以及经过第二步加工制成的工具为主，如刮削器、尖状器、石镞等。一些细小的石叶多呈条形，长度基本不到 3 厘米，将其并排嵌在骨制手柄的两侧可以作矛或者匕首使用，而将其镶嵌在骨柄一侧时则成为刀具。

刀具的典型代表是从甘肃永昌鸳鸯池出土的一柄长 46 厘米、嵌有石叶的骨柄石刃刀。除了刀具之外还有一些刮削器，刮削器分为三种：甲型刮削器、圆头刮削器和两端刮削器。在石镞中，三角形石镞多是从两面压剥，也就是说中间鼓起来两边比较薄；而尖叶形石镞是将石叶上端修尖作为镞锋、下端修成凹口作为镞尾。石核有笔头形石核、圆柱体石核、船底形石核等。经过研究发现，细石器的工具大多数与狩猎、畜牧经济有关。在制作方式上，石器先被打制成坯，再经过琢制，然后再在蛎石上磨制成器。磨制技术使新石器时代的石器器形更加规整，刃部更加锋利。磨制石器主要用于砍伐加工谷物、食物的石磨盘、石磨棒，捻线的石纺轮，刺射禽兽的矛、镞等。为了便于穿绳或装上骨柄，还需要在石器上钻孔。江苏溧阳洋渚、吴县澄湖的良渚文化遗址中，

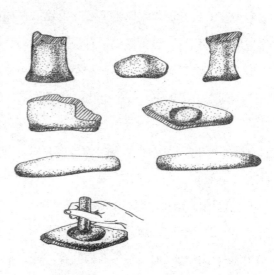

图一 （来源：大地湾博物馆）

发现有安柄的石斧、石锛实物标本，石斧纵向套装在木柄前端凿出来的透孔内，一段石锛横向嵌装在木柄前端未凿透的孔内。在河姆渡遗址中也发现了木柄实物。有一些出土的文物上还绘制有带柄穿孔石斧的相关图案，比如在河南临汝阎村出土的仰韶文化彩陶缸和山东莒县陵阳河出土的大汶口文化灰陶尊上。这些为我们深入了解斧、锛类工具的安柄和使用提供了可靠例证。（图一）

三、新石器时代其他时期类型及对比

众所周知，中国地大物博、幅员辽阔，各地区新石器的类型复杂且富于变化，这为研究各地区生产方式的特点以及生产力水平的差别提供了实物的依据。

(一)北方的石器

细石器普遍、大量存在是新石器时代地方石器的鲜明特点。公元前5000年，辽宁沈阳新乐遗址下层的细石器就是北方新石器时代较早的细石器遗存。其出土的石镞、尖状器、石叶、指甲型刮削器等与打制的磨制石斧、敲砸器等共存。中国大部分石器中以短小的石叶为材料，修制成不少石镞和尖状器，说明了石叶用途的多样性。在黑龙江省密山新开流遗址下层发现的细石器中，有刮削器和鸟喙形尖状器。当时渔猎经济比较发达，细石器一般多用于狩猎，有些可兼用来加工骨器。内蒙古东部等地的红山文化中，短小石叶与磨制叶形石耜、打制桂叶形石器共存。还有一些横剖面呈三角形的磨制石斧，是乌苏里江两岸的常见器形，反映了地域特色。大型叶形石耜的刃部有明显的摩擦痕迹，是农业的重要工具，它只见于红山文化，是具有代表性的器形。内蒙古巴林左旗的富河沟门遗址出土的石叶最长可达10多厘米，它与红山文化的短小石叶完全不同，是中国细石器遗存中迄今所知最长的一种石叶。同时，长大的石叶与打制锄形石器、锛形石器共存，这也是其他细石器遗存所罕见的。新疆吐鲁番处于荒漠地带，其细石器是狩猎经济的产物。这里的刀形刮削器和叶形刮削器均为其他细石器遗存所少见，代表了戈壁滩上细石器的特点。西藏昌都卡若遗址出土的石叶、锥形石核、圆柱体石核等细石器也与打制石器、磨制石器共存。总之，北方新石器以器形细小的细石器为主要代表，往往与打制石器、磨制石器相共存，所反映的经济类型比较多样。细石器在沙漠地区数量很多，在黄土高原与沙漠交错地带则有减少的趋势。

（二）黄河流域的石器

黄河流域的石器主要以磨制石器为主，也有少量打制石器。目前所知最早的新石器遗存以距今约 6000 年的河北武安磁山遗址和河南新郑裴李岗遗址为代表。这两处的磨制石器有些还留有打击痕迹。较多的磨制舌形石铲和石镰表明农业生产已经达到了一定水平。鞋底形和柳叶形的石磨盘数量较多，底面多有 4 个或 3 个柱状足，（图二）这种形制为其他文化所少见，是磁山和裴李岗的代表性器形。它们配以条形石磨棒用来加工粟类。

图二 （来源：新郑市博物馆）

裴李岗文化中石磨盘、石磨棒的出现，（图三）也表示仰韶文化的石器种类开始增多，器形改进，砥磨更加细致。出现的有孔石斧和有孔石刀均为磁山、裴李岗所未见。两侧打缺口的石刀是仰韶文化的主要代

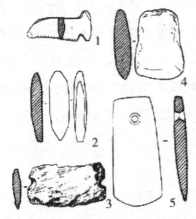

中国新石器时代的几种石器 1 裴李岗遗址出土的锯齿刃石镰 2 关庙山遗址出土的圭形凿 3 半坡遗址出土的打制带缺口石刀 4 半坡遗址出土的石斧 5 草鞋山遗址出土的穿孔石斧

图三

表器形。磁山、裴李岗中的石镰这时已很少见到，而代之以石刀，成为收刈粟的重要工具。龙山文化阶段的石器比仰韶文化时又有了较大的改进。部分石器的形制更加扁平、规整，多遍体磨光，刃部更为锋利，这些都表明当时生产力有了明显提高。新出现的半月形石刀也更便于握持，说明因生产上的需要而改进了器形。还有三棱锋圆柱体有铤石镞，不仅见于黄河流域，还可能影响到长江流域，是地域分布很广的一种器形。黄河流域的新石器，总的说具有以下特点：1.普遍存在带缺口石刀和长方形石刀，而在北方和长江流域则少见。2.石斧多，石锛少；与此相反，长江流域的有些遗址则石锛多，石斧少。3.横剖面呈椭圆形的梯形棒状石斧居多，长江流域则以扁平梯形石斧为多。

（三）长江流域的石器

长江下游地区较早的新石器，出自浙江宁绍平原的河姆渡文化，始于5000年前左右。河姆渡文化早期的石器工具一是种类少，只有斧、锛、凿3种；二是器形小，多数长6~7厘米。还出土有用鹿角或树杈制成的斧柄和木质曲尺形的锛柄。这些工具多用于砍伐和木作加工，没有发现直接用于农业生产的石器。当时已出现稻作农业，骨耜是主要农业工具。太湖地区先后存在着马家浜文化、崧泽文化和良渚文化。马家浜文化的石器器形较小，居民主要从事稻作农业，多处遗址中出土了稻谷、米粒和稻草实物，经鉴定，已普遍种植籼、粳两种稻。农用工具有穿孔斧、骨耜、木铲、陶杵等。还饲养狗、猪、水牛等家畜。渔猎经济也占重要地位，常发现骨镞、石镞、骨鱼镖、陶网坠等渔猎工具。

与其形成对比的河姆渡文化中骨器制作比较先进，有耜、鱼镖、镞、哨、匕、锥、锯形器等器物，全为精心磨制而成。一些有柄骨匕、骨笄上雕刻花纹或双头连体鸟纹图案，就像是精美

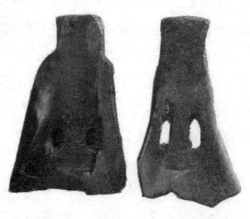

图四　耒耜（来源：网络）

绝伦的实用工艺品。而河姆渡文化的农具，最具有代表性的是大量使用的耒耜（图四）。

耒耜，象形字，中国古代的一种翻土农具，形如木叉，上有曲柄，下面是犁头，用以松土，可看作犁的前身。"耒"是汉字部首之一，从"耒"的字，与原始农具或耕作有关。耒耜的发明也开创了中国农耕文化。但是前文中已经提到，新石器时代随着时间的推移，石器的进步表现形式是石器从打制石器进步到磨制石器，从图五和图六当中石镞与耒耜的器形进行对比不难发现，石镞的制作技艺更加精细，出现了磨制石器的显著特征。所以从整体看，马家浜文化的石器似胜河姆渡文化一等。崧泽文化的石器更加规整，有棱有角，遍体磨光，有的器体也更扁平，多用管钻工艺，显示了生产力的进一步发展。良渚文化中出现了三角形石器、双翼形石器（有人称为"耘田器"）和斜柄石刀前所未见，其中长而大的三角形石器，应属农具。良渚文化的石器工艺，已经达到了长江下游新石器时代晚期的高峰。

长江中游地区，新石器时代早期的江西万年仙人洞遗址中，既有旧石器时代的砍斫器、刮削器，新石器时代中、晚期棱形器、扁圆形有孔石器，并在其中发现有华南地区洞穴罕见的从旧石器时代晚期向新石器

时代早期过渡的清晰地层堆积，这为探讨人类如何从旧石器时代过渡到新石器时代这一世界性大课题提供了重要资料。湘、鄂、川东间的大溪文化，有些磨制石器未经通体磨光而尚留琢痕。圭形石凿的刃部呈圭形，是大溪文化中普遍存在又具特色的器形。屈家岭文化中的石器一般更加趋向扁平规整，特别是近方柱体石斧是屈家岭文化的一种代表性形制。安徽潜山薛家岗遗址以多孔石刀著称，孔多奇数，最多的有13孔，长达半米多，目前为全国新石器中所仅有。长江流域的新石器，总的说有以下特点：1.与黄河流域相比，石器种类稍少；2.以斧、铲类为主的较多石器，扁平有孔，与黄河流域同类器的厚重和少孔形成鲜明对比，说明两者的装柄方法有一定差异；[68] 3.多管钻孔，与黄河流域多漏斗状孔有别。

(四)南方的石器

南方新石器时代的确立以广东阳春独石仔洞穴遗址出土的砍砸器和有孔石器为代表。还有一种斧状器用扁平砾石磨刃而成，是磨制石斧的祖型。广西桂林甑皮岩遗址的石器略晚于独石仔，磨制石斧的形制已经基本具备。福建昙石山文化中的石器，种类较少，器形又小，石锛较多，其中横剖面呈弧线三角形的条形石锛，是长江流域、黄河流域所未见的一种石器。广东石峡文化中的石器普遍使用了抛光技术，比一般的磨制石器更加精致，这在全国新石器中尚属罕见，显示了岭南新石器时代晚期石器工艺的水平，也意味着生产力有了较大的发展。两端有刃的石镢适宜于红壤地带的稻作农业，是石峡文化的代表性器形。同时还有双肩石锛、有段石锛等，后者广泛分布于东南沿海地区。

综上所述，南方地区新石器具有以下特点：1.早期除扁圆形有孔器等磨制石器外，大量使用各种打制石器，许多仅打出刃部而尚保留石皮；2.磨制石器的种类较少，普遍缺乏刀具，器形一般也较小，昙石山尤为突出；3.盛行有段石锛和有肩石斧，一直沿用至青铜时代；4.个别新石器时代晚期遗存中，磨制石器的抛光工艺十分突出。

---

68 杨亚长：《史前石斧的几种装柄方法》《史前研究》，1986 年，第 3—4 页。

（五）石制的装饰品和礼器

为了适应氏族生活需要，各地新石器文化中还出现了不少石制装饰品。仰韶文化中发现有石环、石珠和石坠。石环磨得又光又圆；石珠多呈管状，中间有孔，以便成串；石坠有的用绿松石，颜色翠绿，有的间以黑瑕，非常美丽。大汶口文化的装饰品比较丰富，泰安大汶口墓葬中，不仅出土了以石珠、石片、绿松石穿成的串饰，而且在象牙雕筒和骨雕筒上嵌有绿松石，黄绿相间，十分悦目，是中国目前发现的最早的镶嵌工艺品。在山东龙山文化中，两城镇墓葬出土了丰富的玉器，特别是一件长方形玉锛，墨绿色并带乳白色斑点，其上部的两面刻有圆目大口的兽面纹，线条繁缛流畅，非常接近青铜器上的饕餮纹，具有较强的艺术感染力。北阴阳营文化的装饰品多种多样，主要有玛瑙玦、玉璜、玉管等。玦多在耳侧，应是耳饰；璜为半环形，当为项饰；玉管多出在胸前或腰际，当为佩饰，还有圆形的石珠和三角形石坠等。有的墓葬把玉和玛瑙做的装饰品收藏在彩陶罐内，把红、白、黄、紫诸色的花石子放在死者的口中。新石器时代晚期，出现了以玉琮、玉璧为代表的一类礼器引人注目。在良渚文化中出土的石器，器形大，刻工精。江苏武进寺墩墓葬里发现的玉琮最多，有的呈多件围放在人骨四周。这些玉琮取材讲究，纹饰别致，工艺水平很高，是当时的重器，具有权力象征的意义。《周礼》有"以苍璧礼天，以黄琮礼地"的记载。璧、琮是祭祀天地的礼器，因而随葬这种器物的墓主人应是有特殊地位的人物。

四、大地湾石斧的分布和作用特点

甘肃省秦安大地湾遗址一期文化中曾经出土了Ⅰ型a式石斧1件（图五），体形较大，系打制而成，腰部微缩，刃部呈现圆弧形，初步判断应该装有木柄。在大地湾遗址处于同一时代的北首岭下层出土了5件Ⅱ型b式石斧（图六），圆角，略呈长方形，由砾石打制而成，弧刃且

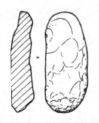

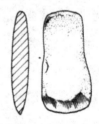

图五　Ⅰ型 a 式石斧　　　　图六　Ⅱ型 b 式石斧　　　　图七　Ⅲ型石斧

厚钝[69]。北刘遗址发现Ⅲ型石斧 1 件（图七），系用石英岩石片制成，刃部呈凸弧而稍斜未作进一步的加工和修整，腰部凹陷，一侧做简单的修整，使左右对称，背部保留砾石面。

通过对同一时期于不同地理位置出土的石器研究，我们不难发现，虽然出土的石斧功能基本相似，但是在使用形式上却有所差别，从大地湾遗址中出土的Ⅰ型石斧在器行上要比北首岭下层出土的 5 件Ⅱ型石斧和北首岭下层出土的 5 件Ⅱ型石斧更加先进，器形上明显可以看到磨制的更加光滑圆润，而且已经有了可以安装木质手柄的穿孔石器的特征，由此可以判断，大地湾遗址在新石器时代的石器发展中已经走到了前列。

（一）石斧的功能

史前石斧是原始先民们用于砍伐树木、劈裂木材的重要工具。除了一些现实生活中的实际用途外，石斧是否还具有别的功能呢？有学者指出，在我国新石器时代所发现的扁平、穿孔的双面刃石斧已经超出了石斧功用范围，在称呼上应该抛弃这一提法而改称"石钺"[70]。"石钺"作为武器和礼器，成为权力和威严的象征物。石斧是青铜器（钺）的祖型，二者有着不可分割的关系，并且根据《左传昭公十五年》"钺大而斧小"的记载，认为斧钺在形制上是一致的，只能根据大小来确定是斧还是钺。不过以往的研究主要关注于石斧的外部形制而忽略了石斧的用途、功能

69　文秋：《新石器考古的空前发现——大地湾遗址》《兰州学刊》，1986 年第 4 期。
70　傅宪国：《试论中国新石器时代的石钺》《考古》，1985 年第 9 期。

以及更深层次的社会意义。

在经历了漫长的旧石器时代之后，随着磨制、钻孔、装柄等技术的逐渐使用和推广，石斧在数量和质量上也有了较大的提高，成为一种较为高级的工具。随着生产力的提高、生态环境的变迁，原始的耕作方式也从"砍倒烧荒"型向"锄耕农业"过渡[71]。石锄、石铲、石锛、石犁、石刀等生产工具也逐渐渗入到生产领域，石斧在原始农业中的统治地位因此有所动摇。仰韶文化时期石刀的比例和数量呈上升趋势就可以间接地说明这一点。但石斧的社会功能并未因此削弱，相反，它的用途已经涉及农业生产以外的领域。

1.从农业工具到武器

在原始社会，劳动工具和武器是分不开的。正如恩格斯所说："根据发现的史前时期人的遗物来判断，根据最早历史时期的人和现在最不开化的野蛮人的生活方式来判断，最古老的工具是什么东西呢？是打猎的工具和捕猎的工具，两者同时又是武器。"正因为如此，我们很难推定石斧的武器功能是在什么时候从生产工具中分离出来的。

至少在仰韶文化的庙底沟类型时期，有一些石斧不再是单纯意义上的生产工具了。陶缸上的图画除了告诉我们原始石斧的装柄、装饰等信息外，还暗示了石斧在人们心中具有的一种威慑力，不禁使人联系到在原始战争中用石斧杀戮的场景。这一点也有考古学上的证据，在河北邯郸涧沟遗址的两座半地穴式房址中，各放置三个人的头盖骨，位置在房屋的中央，其年代属于后岗二期文化的早期。有趣的是，所有头盖骨都是用斧砍下来的，因为头盖骨上留有明显的斧痕，这无疑是石斧所为了。

因此，在原始社会的确存在着石斧被用作武器的事实。石斧具有灵活、轻巧、省力、杀伤力大的特点，在当时的生产条件下可以称得上是一种优等武器了。

---

71 郎树德：《大地湾考古创 6 项中国之最》《收藏界》，2003 年第 1 期。

2.仪式石斧与石钺

仪式石斧是一种不实用的、具有象征意义的、作为财富崇拜的对象或者在宗教仪式中使用的石斧。在太平洋岛屿上的一些原始民族至今仍然延续使用着这种石斧。民族考古学家汪宁生先生对国外的仪式石斧进行了综合观察和分析,总结出仪式石斧的四个特征:磨制精细,选材严格;边缘无剥落痕迹（无使用痕迹）,个别刻有花纹图案。并进一步指出,既然仪式用器的使用在原始民族中是一种普遍现象,那在我国广阔土地上的新石器时代文化中是否就毫无痕迹可寻呢?

实际上在我国新石器时代也存在着有关仪式石斧的遗存。例如在龙岗寺半坡类型的墓地中有玉斧随葬;在宝鸡石嘴头遗址的墓葬中也有玉斧随葬;在仰韶文化半坡类型的墓葬中,石斧随葬的比率几乎是最高的,而上述随葬的玉斧显然是一种非实用的器物。中国古人有"尚玉"的习俗,甚至把玉器当作一种顶礼膜拜的对象,随葬的石斧也应该具有类似的性质。在内蒙古敖汉旗小山遗址中曾经出土了一件斧形石器（原报告称为圆弧刃长条形石斧）。其外形和石斧一致,但刃部十分厚钝,无使用痕迹,顶部有一人头的图像。研究者认为它就是被主人高举着的"权杖"。这无疑是一件难得的仪式石斧。在中国的南方地区也有类似的发现,例如在薛家岗 M58、M44 中就出土了两件石斧,制作精细并且刻有花纹。如此制作精细的石斧不大可能用于生产领域,应该具有类似于"权杖"一样的特殊功能。渭河流域是否存在着仪式石斧?有一点应该是肯定的——"仪式石斧"应该是从石斧中衍生而来,这显然与石斧作为武器这一功能是分不开的。

石钺与石斧存在着密切的亲缘关系,古语中斧钺连称的情况屡见不鲜,如"斧钺之祸""大刑用甲兵,其次用斧钺"等等。[72] 石钺应该是由石斧衍生而来的,但从形制、大小、有无穿孔等方面进行区别斧钺并不是十分科学的方法。因为石钺多从墓葬中出土,而且新石器时代晚期的

72 阎渭清:《甘肃秦安大地湾新石器时代早期遗存》《文物》,1981 年第 4 期。

图八　　　　　　　　　图九

石钺出土数量远远大于早期，这显然表明石钺在社会中的地位和作用是不同的。石钺是青铜钺的前身，基本不用于生产劳动，而石斧则更多用于生产，但不排除一些石斧"身兼数职"的可能，例如随葬的石斧应该是从生产中分离出来，使其具有宗教或者礼器的功能。

（二）社会功能

下面我们通过研究与大地湾遗址同时期皆属于仰韶文化的河南临汝县（今汝州市）阎村出土的一件绘有鹳鱼石斧的仰韶文化彩陶缸（图八、图九），来对石斧的作用进行探讨。

那时人们的生活从几万年来采食树种果实转而到能自制工具、捕鱼、狩猎、种植的新阶段。渔猎、农耕无疑是人们最重视的对象。所以艺术选取"鱼、鸟"作为绘画题材是很自然的，《鹳鱼石斧图》正说明了这个问题。

1.农具武器说

我们通过联想图当中的形象不难发现，石斧一定有着狩猎器具的特征，所以才会将其和可以作为猎物的"鸟"和"鱼"绘制在一起。《陶画》中的形象共有三种：鹳、鱼和石斧。身躯健美的鹳，双腿直撑，好像用力后倾，产生了与鱼的重量和摆动可以取得保持平衡的姿态。鱼儿被叼出水面，无力摆脱困境，只好直挺挺地垂着。斧子竖立，更显得石斧是被牢固地捆绑在木棒上，否则斧头就会掉下来；为了使用方便，手把处又用绳索紧紧地缠着，挥动时以免脱手。石斧的孔眼，柄上的符号等等，这一切都被画家实地描绘下来。

但是也有考古学家指出，鹳鱼石斧图揭示的是公元前4000年至3500年间黄河中游的黄帝部落联盟中，以鸟为图腾的仰韶文化庙底沟期泉护类型文化部落同以鱼为图腾的仰韶文化半坡类型文化部落之间的生死斗争。这场斗争最终是以鸟为图腾的部落取得了胜利，此图反映了远古时期中原大地上那场黄帝与炎帝之战的史实。而石斧则表示为黄帝部落联盟中所有部落共有的族徽和统一的标志。此时的石斧又以武器的形态出现在了我们的视野当中。

2.礼器巫术说

中国著名书画家牛济普曾说："在更为原始的时代，石斧无论作为生产工具或作为战斗使用的武器，对于原始人来说都是与其生存有极为密切关系的东西。人的生存离不开它，所以这种东西就容易被原始人奉为神物，赋予它灵性。仰韶文化处于新石器时代，这种迷信被继承发展下来，陶缸彩绘中那个白鹭衔鱼的吉利形象面向着石斧，是在向它奉献祭品，原始人以此来讨好他们所崇拜的石斧神灵，祈求得到吉祥、丰收、安宁"[73]。

这样的观点无疑赋予了石斧一抹神秘的巫术色彩，石斧是新石器时代人们普遍使用的生产工具。人们用石斧砍倒荆棘，开辟田地，防御猛兽袭击，保护自身安全。石斧在原始人征服、改造大自然的斗争中发挥了巨大的作用，原始人自然会对石斧产生崇拜的心理。画面上的石斧是经过绘制者精心艺术加工处理的，它不是简单的静物写生。真实情况下石斧只能随意平放，不会自然竖立。作者让石斧巍然屹立在画面右边，斧刃朝向外边，形象严肃，一丝不苟，显示出巨大的威力，这表明石斧在一定程度上被赋予灵性，人格化了。它已经成为氏族图腾，接受人们

73 牛济普：《原始社会的绘画珍品—临汝仰韶陶缸彩绘》《中原文物》，1985年第1期。

的顶礼膜拜。画面上的水鸟，是能给原始氏族带来欢乐、吉祥的益鸟。鹳衔着大鱼，虔诚地面对石斧，意味着向石斧奉献供品，祈求石斧保佑氏族平安、吉祥、欢乐、丰收。这幅彩陶画极有可能是原始氏族图腾崇拜礼仪场面的一个特写镜头。

综上所述，史前石斧应该具有三种功能：实用工具、武器和礼器。在许多考古报告中（在许多情况下），几乎把所有的石斧都被列入生产工具类，显然忽略了一些石斧的武器和礼器的功能。[74]

五、结语

由于大地湾出土的各类工具多由石、骨、陶片制成，因此可以得出大地湾人当时从事的主要生产活动以农业为主。说明农业生产在当时已是大地湾社会的经济基础。此外，在大地湾遗址中还发现了许多鱼镖和箭头，这说明渔猎在当时也占有较为重要的地位。

大地湾出土的陶、石、骨器物明显地反映出生产技术由粗到精、由低级到高级的发展过程。生产工具中的石器，早期的以简单的打制石器为主，兼有少量略加磨光或琢制的，但数量和种类均很少，且常常是一器多用。中期石器以磨制为主，且数量和种类增多。晚期则出现了加工精细的复合石器和大型专用磨制石器，并出现了精小的骨器。

大地湾仰韶晚期生活用具中石器发展和制造工艺的提高更加突出典型，这反映了大地湾人当时生产技术的提高和生产力水平发展的状况。大地湾遗址的研究工作仍在继续进行，可以设想，随着发掘工作的继续和扩展，大地湾还将会有更重大、更有价值的考古发现。就现有的发现来看，大地湾遗址的发掘已经具有了突出的特点和重大的意义：文化内涵齐全，延续时间长，前后达三千多年，且保存完整，遗迹遗物极其丰富。它的发现为甘肃东部及渭河上游新石器时代考古排列了较系统的编

---

74 甘肃省博物馆，秦安县文化馆大地湾挖掘小组：《一九八〇大地湾一期文化遗存发掘简报》《文物》，1981 年第四期

年序列，为解决甘肃东部地区仰韶文化的分期等问题奠定了基础，具有重大的考古学价值。特别是大地湾一期的发现，把我国同期文化年代提前了近千年，为今后甘肃东部地区的考古研究，为进一步综合研究新石器时代的社会、经济、建筑的发展提供了较全面而且十分丰富的实物资料。

　　大地湾遗址是我国西北地区最重要的新石器时代遗址之一，因其文化遗存历时长、文化类型丰富，备受考古及各学科研究者的重视。从全面收集的现有论著中可以看出，20余年来，学界的研究主要集中在大地湾遗址考古发掘、聚落遗址、彩陶玉骨器、地画、史前农业、史前环境、大地湾遗址文化关系、遗址保护及文化价值等方面。当前学界就大地湾遗址文化分期、与其他文化之间的关系、聚落演变、环境变迁诸问题已达成共识。[75] 而本文通过选取新石器时代具有代表性的打磨石器——石斧——作为突破口，结合大地湾当地的实际挖掘情况，对新石器时代的打磨石器进行了地域之间的比较，我们了解到当时的先民通过打造石制工具使日常生活更加便利的智慧让后人叹为观止。最为重要的是，此次人类开发大脑，使用工具的重要尝试，也成了新石器时代被命名的根据。

75 甘肃省文物考古研究所：《秦安大地湾——新石器时代遗址发掘报告》，北京，文物出版社，2006年。

大地湾之谜

THE MYSTERY
OF DADI WAN

第六章

美的诞生

MEIDE
DANSHENG

一、色彩和泥土的文明

自人类诞生以来，我们的认识就直接来源于大自然，而大自然对人类生活的关照也表现在对生活环境规律性的审美总结上。陶器的发明无疑是对史前先民劳动价值的肯定，而彩陶的出现则是站在先民智慧的肩上，收获艺术带来的巧夺天工的震撼。彩陶激发了人类潜藏的创新意识，来自不同地域、不同时期的陶器则拥有各自不同的特色，彩陶的纹饰、造型也会因为天时地气而形态各异。大地湾一期彩陶遗址的发现是中国新石器时代考古工作的重大收获，它的发现开启了世界上最古老、最原始陶器的壮美华章，将中国彩陶史追溯到8000年前。这无疑为中国文明史又增添了一抹亮丽的光辉。

目前的早期彩陶，有两个十分显著的共同特征：一个是彩绘颜料都以红彩或者黑彩为主；另一个是纹饰上都以围绕器物口沿一周的宽带纹为标志，从而形成了早期彩陶以红宽带纹为主的世界性特征。[76] 大地湾一期遗

---

76 吴耀利：《我国最早的彩陶在世界早期彩陶中的位置》《史前研究辑刊》1988 年第 95-96 页。

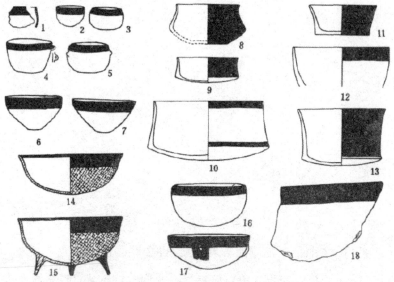

图一　世界各地新石器时代红宽带彩陶(引自吴耀利《史前研究辑刊》1988 年文。1-5.土耳其麦辛,6、7.伊朗西亚可,8~13.伊朗古兰,14、15.中国大地湾,16、17.希腊奥特扎克 18.巴拿马莫拉里罗)

址中出土的陶器大多也是以红色宽带纹为主要特征。（图一）我们的先民之所以染红穿戴、撒抹红粉，不是对鲜明夺目的红颜色的动物性生理反应，而是始于其社会性巫术礼仪的符号意义。在远古先民的思维中，红色被视为血液和生命的象征，围绕在陶器口沿的红色宽带纹就如人类繁衍一般，呈现出的是生命周而复始、延绵不绝的繁衍意义。

　　彩陶是新石器时代特有的一种陶器类型。我国的新石器时代一般分为三个阶段：早期，大约距今 11000 年至 7500 年，这一时期以打制石器为主，陶器的火候控制不成熟，质地简陋。中期，大约距今 7500 年至 5000 年左右。这一时期的石器已发展到以磨制为主，无装饰的陶器制作相较于早期有一定的进步。值得一提的是，彩陶在这一时期的发展达到巅峰。同一时间段不同地域的彩陶都呈现出自身地域特色，可谓百花齐放。晚期，大约距今 5000 年至 4000 年。这一时期石器磨制工艺趋于精致，器形变小，轮制已经普遍使用。[77] 由此看来，中国彩陶的发展在新石

---

77 张之恒:《中国考古学通论》,南京大学出版社,2002 年版,第 94 页。

器时代中晚期，正是距今 6000 年至 5000 年的仰韶文化和马家窑文化，它们代表着中国彩陶技艺正式进入鼎盛时期。

占据新石器时代陶器纹饰主体的，并非自然纹样，而是抽象的几何纹。抽象几何纹饰并非某种形式美，而是抽象形式中有内容，感官感受中有观念。关于抽象纹样的起因和来源，至今仍是世界艺术史之谜，学界意见和争论也颇多。

相比抽象纹样的神秘莫测，自然纹样的源流就很清晰。自然纹样主要包括动物纹、植物纹、人物纹等，这些图形大都和当时人们的经济生活有着密切的联系，是人们在劳动中经常关心、熟悉和喜爱的对象。装饰艺术的本质特征在于，一个民族的艺术意志在装饰艺术中得到了最纯真的表现。[78] 其中，动物纹样相对最多，有鱼纹（图二）、鸟纹（图三）、蛙纹等，植物纹和人物纹相对较少。在人类农业定居生活刚开始时，植物种子尚不能满足生活需要，渔猎仍是人们生活资料来源的重要方面，鱼类禽鸟等动物便是先民主要的食物，很自然就成为被描绘的动物形象，绘制在器物上。

图二　大地湾二期变体鱼纹彩陶盆（来源：大地　　图三　（来源：网络）
　　　 湾博物馆）

彩陶纹样如按照现代艺术手法来分析，一般分为单独纹样、适合纹样、偶式纹样、边饰纹样、散点纹样、连续纹样等。新石器时代陶器的纹样，常见的施纹方法有：镂刻、附加堆贴、捏塑、旋、刻划、彩绘等，将这些图案有机排序起来便形成或简或繁、绚丽多姿的纹样。早期受到

78 ［德］沃林格：《抽象与移情对艺术风格的心理学研究》，金城出版社，2010 年版，第 5 页。

技术限制，施纹的方法只能停留在压印、锥刺、模印、划等，相对应产生的纹样便是绳纹、旋纹、暗纹、划纹、刻纹、印纹等，风格明朗朴素，简洁典雅。[79] 彩陶在人类艺术发展过程中有着不可替代的作用，但是随着时间的推移，人们的审美也随着彩陶工艺的发展而变化。现代人用现在的眼光去看新石器时代的遗存，自然会不由自主地产生两个误区：第一，彩陶发现地等于文明归属地。第二，赋予彩陶本身并不具备的更多意义。目前为止世界上已知的文明史不过五千年到六千年，在此之前的文明便无从得知。目前人类认定的四大文明只是人类历史上可考证的文明史，而远比这些文明更久远的历史还躺在地下，露出蛛丝马迹等待人们去挖掘发现。

今有始祖生朝气，慈育华夏俊后人。大地湾遗址作为我国最早的陶器产地和文明源头，已出土的陶器类型有：红陶、灰陶、彩陶、夹砂陶、泥质陶等。制作方式大多以手捏、模制、轮制为主。在器形种类上有形态各异、大小不均的钵、罐、盆、瓶、杯、樽等。大地湾出土的陶器纹饰有绳纹、弧线、三角纹、条状纹、勾叶纹、变体鱼纹、鸟纹、蛙纹，还有由圆点、线条、弧线组成的几何图形等。在出土的众多精美陶器中，人头形器口彩陶瓶、圈底鱼纹彩陶盆、三人浮雕器口极为稀有，堪称我国早期陶器的经典之作。

图四 （来源:秦安县个人收藏家杨四喜）　　图五 （来源:秦安县个人收藏家杨四喜）

79 程金城:《远古神韵》,上海文化出版社,2001 年版,第 96 页。

大地湾遗址中出土了一件彩陶人物俑，是距今八千年至一万年以前的人物雕塑艺术品，也是人类史上最早的一件人物雕塑艺术品。（图四、图五）造型写实逼真，生动传神，是远古时期人类智慧的结晶，具有极高的学术价值和艺术价值。这件雕塑的人物面貌和北京周口店出土的人类头盖骨化石所还原的人物面貌相似，通过这件作品，我们可以了解到八千年以前人类祖先的相貌。这件大地湾彩陶人物俑，经国内著名文化学者、古陶瓷鉴定专家丘小君和甘肃省博物馆研究员、考古专家郎树德教授分别鉴定，确认为大地湾文化时期彩陶人物俑真品，其文化价值和艺术价值不可估量。

二、大地湾彩陶

（一）陶器的诞生

在彩陶诞生之前，陶器的存在无疑是天赐的神作。我们的先民借助水、火、土的力量来改造自然，制陶业的兴起和繁盛对于人类进化有着非凡的意义。陶器的出现不仅让先民的物质生产生活更加便捷，而且使得人类开始了定居生活。艺术作品之所以能够在一些物品中被认知，是因为这些物品在被生产出来时具有了这样一种意图——从美学的角度上看它们应该是令人愉悦的，同时，不严格地说，还应该是实用的。[80]

最早探索人类彩陶起源的是 19 世纪西方的人类学家，他们的研究方法是通过田野考察研究印第安人的生活方式。最终结果表明，在没有陶器之前，先民烹煮食物的方式很笨拙，他们或将石头烧热放在有兽皮垫底的土坑里，或把食物放在涂了黏土的筐子里，然后用烧热的石头把食物弄熟。当时人们把黏土涂在一些容易着火的容器上以免容器被烧毁，以至于后来他们发现，单单用黏土本身即可达到这个目的，于是世界上便出现制陶术了。[81]不过这个论断并没有考古学上的实际证据，而印第安

---

80 ［英］罗伯特·莱顿：《艺术人类学》，李东晔、王红译，广西师范大学出版社，2009 年版，第 5 页。
81 泰勒：《人类远古史研究》，转引自摩尔根《古代社会》，商务印书馆，1977 年版，第 16 页。

人的例证虽可以作为参考，但是却难以回答所有问题。而坊间关于陶器产生的传说也不胜枚举。比如我国就有"神农耕而作陶"或"神农作瓦器""舜陶于河滨""宁封子为黄帝陶正"以及女娲造人等神话传说。神话传说毕竟无据可循，陶器的产生还要从人类物质文化生产的实践过程来说。距今一万多年前，人类进入新石器时代，气温逐渐温暖，人们放弃了干燥的山区生活开始向水草丰茂之地挺进。水源为先民发现黏土的可塑性提供了先天条件，黏土成型晾干可以维持之前的造型，而长期使用火种的经验能让他们尝试去烤制黏土，加快脱水的过程。另一方面，过上定居生活的人们，不再像原始狩猎一般，直接将食物放在火上烘烤，多余的食物需要进行储藏，这也是陶器发展的因素之一。

黄河中游（包括渭河流域、豫西和晋南广大地区）见证了中国彩陶成熟的历史，黄河流经低山、丘陵，流速缓慢，为肥沃的河岸土地提供了天然养料。[82]渭水流域及丹江上游地区的老官台文化，包括甘肃省秦安县大地湾、陕西省华县北首岭、老官台和元君庙等遗址。其中老官台和大地湾出土的彩陶因年代的久远而具有重要意义。[83]在中原彩陶文明衰落的时候，甘肃的彩陶文明还延续了几百年。而大地湾作为甘肃彩陶文明的先驱，从根源上确保了甘肃彩陶发展绵延的可能性。

历史总是惊人的相似，在长江、黄河流域孕育文明的同时，地处西亚的幼发拉底河和底格里斯河也在诞生着属于它们的文明。尼罗河创造了古埃及文明，幼发拉底河和底格里斯河创造了古巴比伦文明，恒河和印度河创造了古印度文明，黄河和长江创造了中华文明。作为人类文明发祥地之一，两河流域早在新石器时代就出现了大量制作精美的彩陶，甘肃史前文化序列从大地湾一期文化——仰韶文化——马家窑文化——齐家文化——沙井文化不断更新换代。中国文明从古至今脉脉相传，即使其他文明消失灭绝，中国文明也在以自己的方式继续传承。彩陶的出

82 中国硅酸盐学会著：《中国陶瓷史》，文物出版社，1987 年，第 34 页。
83 程金城：《中国彩陶艺术论纲》，上海文化出版社，2000 年，第 45 页。

现承载了中国的文明历史，为人类探索史前文明提供了实质性的研究资料。

(二)大地湾彩陶

大地湾一期出土的文物中，陶器文物就有近 200 件，其中彩陶文物占四分之一，这些风格迥异的彩陶文物是历史信息的重要承载物。然而数目众多的彩陶文物出土后，由于长期自然风化，文物保存环境不佳，以及不同程度的人为破坏使许多富含珍贵历史信息的彩绘文物遭到破坏。[84]

大地湾一期彩陶主要器形有圆底钵、深腹罐等。因为当时先民还没有完全掌握烧制的火候，所以出土的陶器颜色大多为红褐色。陶器纹饰相对简单，主要是以较为规整的宽带纹为主。(图六) 一期彩陶遗存的发现告诉我们，陶器作为生活工具，开始承担一部分艺术角色。先民们对化学科学的认识有了新的高度。色彩的出现，表明简易的黑白陶已经不能满足早期人类对于审美的需求，同时对于火种的运用经验也让先民们可以更好地控制火候，烧制出色泽饱满的陶器，不断追求新的艺术审美和艺术需求。

大地湾二期彩陶遗存以细泥红陶和夹沙红陶为主，还有少量细泥灰陶和夹砂红褐陶。二期遗址出土彩陶数量繁多，压印纹、附加堆纹、刮

图六 (来源:大地湾博物馆)

84 魏春元:《大地湾遗址》,敦煌文艺出版社,2016 年 12 月,第 329 页

削纹的出现丰富了彩陶纹的类型，除此之外还出现了动物纹、人面纹，还在陶口出现了符号刻画，这是先民早期的文字雏形。

大地湾一期遗址中出现了十余种彩绘符号，二期共出现了二十余种刻划符号，这些早于甲骨文的刻划符号为未来文字的出现提供了蓝本。在二期遗存中出土的人头型器口彩陶瓶是整个二期遗址中最具代表性的文物，通高 31.8 厘米，瓶口是一个罕见的女性人头雕塑，口径 4.5 厘米，底径 6.8 厘米。（图七）器口女性头像齐肩中长发披于耳后，双目被雕成空孔，流露出深沉温柔之态，颧骨丰满，下巴平短，是典型的黄种人。整体造型似母腹一般微微隆起，素净圆润，五官比例和谐生动，器表颜色均匀紧致，腹部黑彩绘圆弧纹、豆荚纹与抽象化的鸟纹，线条流畅，尽显生动活泼之韵，是迄今为止我国史前雕塑艺术的集大成者。同期还出土了一套成系列的彩陶圈底鱼纹盆，从写实的鱼纹、抽象的鱼纹到变形的鱼纹不断更新。（图八）据闻一多《说鱼》中讲，鱼在中国语言中具有生殖繁盛的祝福含义，大地湾出土的彩陶屡见多种鱼纹，它们的含义是否就是对氏族子孙"瓜瓞绵绵"长久不绝的祝福？先民们对于美的标准随着周围环境和时间的推移也在不断更新，在不同时期，相对应的彩陶纹样引领着彩陶技艺走向更加成熟的审美规范。

三期的彩陶样式、工艺图层、图案组合比前两期更加丰富，绝大多数是黑彩。在大地湾三期出土了一件较为完整的桶状陶器（陶鼓，图

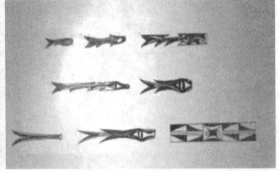

图七 〔来源：大地湾博物馆〕图八 〔来源：大地湾博物馆〕

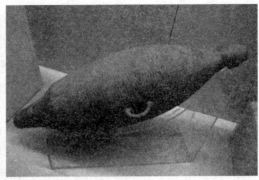

图九 〔来源:大地湾博物馆〕　　图十 〔来源:甘肃省博物馆〕

九),该器在泾渭流域仰韶文化中还是首件,在大地湾三期出土的所有陶器中也为数不多,大多数是残片,造型相同,均为泥制橙黄陶,直口圆迭唇,深直腹平底,颈部附加四个角状倒钩纽,腹饰交叉绳纹,直径20厘米,高65厘米。

四期的彩陶分为夹砂和泥质两类。陶色也随着技术的日臻成熟变得多样,有红褐色、黄褐色、灰褐色,其中以黄褐陶为大宗。仰韶晚期文化是以大地湾四期遗址为代表,其具体年代根据碳测数据为距今5500年至4900年,是甘肃史前文化最为辉煌的历史阶段。

五期彩陶的陶质有泥质和夹砂两类,陶色有红、橙、灰、褐色之分。大地湾五期彩陶和其他时期相比,纹饰上也出现了新的纹样,比如:附加堆纹、蓝纹等。大地湾五期遗址共发掘房址三处、灰坑四处,出土器物包括:双耳鼓腹壶、无耳鼓腹壶、尖底瓶(图十)、大单耳罐、小单耳罐等。其中鼓腹和单耳罐与四期遗址中的差别较大,尖底瓶和深腹罐则比较常见。

从早期的宽带纹到压印纹、附加堆纹、刮削纹的变化表明,先民们对于纹饰的形式美感有了自己的认知。形式美感的产生源于人类社会通过观察得到的自然界规律性方式,比如动物肢体的对称、溪水流动的节奏性、四季周而复始的周期性等。红色宽带纹虽然简单,但却是古代先民智慧的结晶,这一开天辟地之作无疑是对生活在渭河河畔的祖先审美标准的肯定，也为未来的彩陶工艺打下了坚实的基础。开创这艺术源头的是大地湾，是大地湾的先民们。

大地湾遗址共出土窑址 38 个，灰坑窑穴 342 个，累计出土陶器 4147 件。彩陶，这一件件充满智慧的彩色器具，就如一幅幅画面展现了先民活动的现实图景，记录着先民承载文化的强大实力，是华夏先民在黄河流域创造的举世无双的灿烂文明。八千年前，在大地湾这片土地上，先民用他们的生活经验和极具创造力的艺术造诣创造了举世无双的大地湾彩陶文化。

(三)世界上最早的文字

大地湾遗址的发现将中国文明史向前推进至距今八千年前。陶器不像其他的先民艺术（比如岩画、巫术等）单纯追求灵魂保佑，它是先民日常生活的艺术性写照，当然也不排除对精神的追求。它是实用性和艺术性的结合，最为真实地反映了先民的日常生活。而由于地域文化差异，每个地区呈现出不同的彩陶艺术。逐水而居以及半牧半农的生存差异造就了彩陶不同器型以及纹样的差别。而刻画在彩陶口沿及内壁的彩绘符号无疑是大地湾彩陶最令人动容的亮点，也许我们可以从中找到有关汉字起源的奥秘。

大地湾陶片上发现了史前最早的文字，人们刚开始认为这些符号应该只是普通几何纹样的延伸，但这些看似幼稚的符号却成了我们研究甲

图十一 大地湾一期彩绘符号陶片(来源：大地湾博物馆)

骨文的重要线索。（图十一）关于汉字的起源，伏羲与仓颉造字的传说在坊间流传多年。唐司马贞补《史记·三皇本纪》中提首"生庖牺于成纪……始画八卦，以通神明之德，以类万物之情，造书契以代结绳之政。""始画八卦"是由阴阳符号组成的八个三划卦，代表天地间八种物质元素。八卦由伏羲所画，是中华文明的源流。"造书契以代结绳之政"，表达的是伏羲时代先民就开始造字创文，告别结绳的古老记事方法。仓颉造字之说在中国是每个小孩子最先认知文字来源的成语典故。关于仓颉的传说最早出现在战国时代的文献里，秦朝统一文字时所用的课本，第一句就是"仓颉作书"，所以称作《仓颉篇》。但是剥去神话故事的外衣，传说并没有实质性的考古材料支撑。

过去人们一直认为商代的甲骨文是我国最早的文字。随着 20 世纪 50 年代，西安半坡遗址、临潼姜寨遗址、甘肃马家窑文化马厂类型等出土的陶器上出现彩绘符号，尤其是秦安大地湾遗址的发现，为我国文字研究又提供了实质性的实物证据。在距今 8000 多年的大地湾一期遗址中，发现了二十多件陶器，部分陶器上出现了十多种形态各异的彩绘符

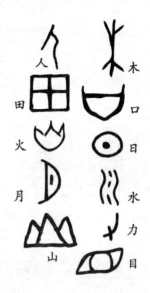

图十二

图十三

109

号。（图十二）这些符号大概可以分为两大类：一类是水波纹和植物纹，还有类似于水藻生物的波折纹。另一类则是带有交叉十字、指向性箭头的抽象符号。如"+""↑"，其中有一个符号和象形文字中的"水"字极为相像。（图十三）抽象符号在研究文字发展史时具有考证的意义。同时，我们在大地湾二期遗存彩陶钵口沿外部的黑色宽带纹上也发现了单独使用的"+"等符号。这些符号出现在一期遗址之后的数千年，应该是一期遗址的继承与发展。如果我们把大地湾、半坡、姜寨、马厂等遗址出土的符号联系在一起进行研究，不难发现它们之间有许多勾连相通的地方。这种普遍存在的符号在当时已经被人们所熟悉，无疑具有文字性的意义。可以肯定地说它们就是中国文字的起源。[85] 一种成熟文字不可能没有铺垫和酝酿就横空出世，试想没有大地湾遗址中陶器上的文字符号，哪会有体系完整的甲骨文出现？

彩绘符号的出现，让大地湾的彩陶又一次被赋予了文明的光环。大地湾的彩绘符号比半坡彩陶上刻画的符号早了一千多年，但在许多字形上又出现雷同。这种符号可能是以泾渭流域为中心的仰韶氏族在经过长期的社会劳动后形成的一种社会意识。这种符号刻画整齐，布局规律，大量刻在大地湾彩陶内壁，说明当时这种符号已经开始走进人们的生活，普遍存在。

文字作为人类交流表达思想的另一种工具，它的诞生是华夏先祖最高智慧的体现。文字的出现为人类文明带来了新的曙光，无法想象在没有文字的时代，先民们是怎样度过艰辛岁月的。文字产生以前，人们结绳记事，用契刻或图画帮助记忆。图画是文字的先驱，任何一种文字（符号）都是在图画的基础上演变而来的，最为直观的就是象形文字的推流演变（图十四）。美索不达米亚的楔形文字和埃及的象形文字已经消亡了，令所有华夏子孙骄傲的是，当人们研究已经废弃的古埃及和古巴伦文字时，汉字依旧活跃在我们的日常生活中。迄今为止，汉字是世界

85 郭沫若：《古代文字之辩证的发展》，《考古学报》1972 年第 1 期。

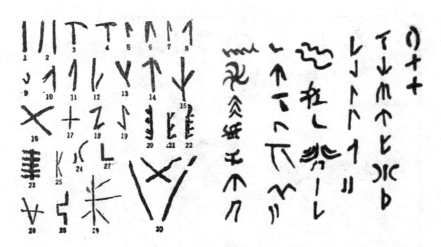

图十四　（来源：网络）　　　　　　　图十五　（来源：大地湾博物馆）

上历史最悠久的表达工具之一。大地湾二期文化遗址出土的文字符号与象形文字中的一部分符号是相同的（图十五），这也进一步证明大地湾文化出现的文字符号要早于象形文字，且大地湾出土的文字符号是象形文字的先导。

三、仰韶彩陶的源流

在彩陶发展的中后期，就目前已被发掘出来且保存完整的彩陶样式来说，都出现了雷同的器型和纹样，其中最有名的是安特生将仰韶、安诺、特里波里三个遗址的彩陶所做的对比。（图十六）其中仰韶与安诺的三角纹、睫毛纹、网格纹都有相似的图案，而仰韶与特里波里的叶脉纹也仅仅是点线的差异。这些大量的巧合如果说仅是偶然，必然不能使人信服，但追根溯源，谁是源，谁又是流呢？倘若要分清先后，时间节点的差异和表达的观念不同才是两种类似文化先后排序的重要依据。

吴耀利先生在研究中国早期彩陶时列出了一个世界各地彩陶的出现时刻表，根据这个时刻表的排列，西亚似乎成为世界彩陶的发源地，而世界各地的彩陶按照距离西亚的远近程度，呈现出时间的早晚差异。西亚伊朗、伊拉克等地的彩陶距今约6000年，随后是中亚、叙利亚、土耳

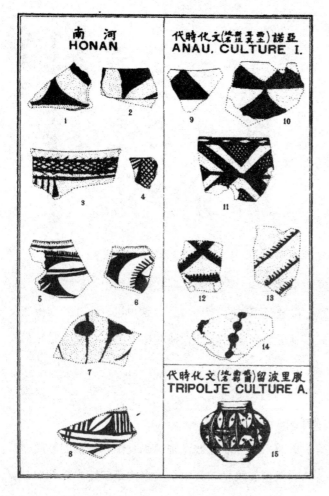

图十六　河南仰韶、安诺、特里波里三处彩陶比较（引自安特生《中华远古之文化》）

其、中国、希腊、巴基斯坦、埃及、美洲等地，但直到老官台文化大地湾遗址的出现，距今 6000 年的西亚源头说似乎已站不住脚。

彩陶作为世界性的文化现象，最早出现在西亚、中亚和我国黄河流域，其时间大致在六千年前左右。黄河流域的彩陶不仅在数量上而且在流行时间以及内涵表达上都是最为丰富和精致的。其中最为发达的当属分布在黄河上游的马家窑文化和中下游地区的仰韶文化。彩陶是集实用、雕塑、绘画、烧制等各种技艺于一身的艺术表现形式，也是在没有文字记载的情况下了解先民生活的最好方式。在我国，就目前已经发现的遗存来看，黄河流域是新石器时代彩陶文化遗存最多的地区（图十七），其中以马家窑文化和仰韶文化的彩陶最为丰富。

马家窑彩陶的风格继承了仰韶文化古朴鲜明的风格，但在此基础上

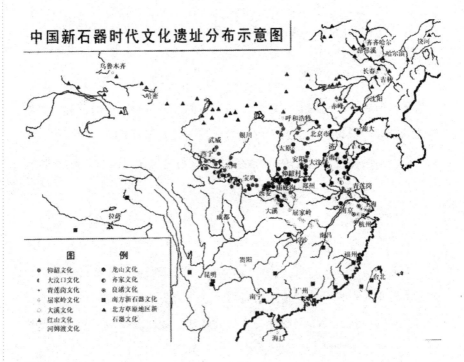

图十七

制作工艺更加精致，艺术风格也变得更为突出，呈现出典雅绚丽之态。马家窑文化的彩陶，早期以纯黑彩绘花纹为主；中期使用纯黑彩或以黑、红二彩相间绘制花纹；晚期多以黑、红二彩并用绘制花纹。在我国已发掘的彩陶文化中，马家窑所占比例最大，说明当时的制陶工艺已经日趋规模化，绘画和制作技术也较仰韶时期更加娴熟。自从彩陶被人们发现，彩陶上的"神秘"纹饰就吸引了大家的目光，人们也开始致力于从多个角度去揭开彩陶纹饰密码。

随着越来越多的史前彩陶纹样被发现，陶器上的纹样研究也愈发深刻，纹样背后代表的意义也不断被揭开。在那个时候，先民对于未知力量的崇拜达到空前。这些崇拜主要有四种：生殖崇拜、图腾崇拜、祖先崇拜、自然崇拜。比如八卦起源于半坡母系氏族公社的鱼祭，是一种生殖崇拜的祭祀礼仪，先民通过它祈求实现美好的愿望。[86]鱼纹从写实到抽

---

86 赵国华：《生殖崇拜文化论》，中国社会科学出版社，1990年版，第101页。

象，由繁到简，头部设计由复杂演变到后来的几何图案，身体也变得轻巧流畅，八卦符号可能就是来自于鱼纹。

1.生殖崇拜

在彩陶纹样中鸟纹是比较常见的类型，鸟纹是对男根的崇拜。自然界的万事万物都可以变成彩陶纹样素材，为什么鸟纹频频出现？原因在于鸟的伸缩颈部是对男根功能的隐晦表达，而鸟生卵，由卵再孵化成鸟，而男根恰有两"卵"。

2.图腾崇拜

早期先民对自然环境的控制手段很少，自身缺乏安全的保障。为了更好地适应自然，选择群居生活自然是意料之中的。但是群居似乎也不能完全避免外界带来的伤害，这时对于未知力量的崇拜便产生了。人类羡慕虎豹的凶猛、羚羊的矫健、飞禽的翱翔，期望获得更多的力量保护自己，对于动物甚至其他生物的崇拜由此而生。

3.祖先崇拜

当生产资料积累到一定程度，劳动强度减弱，有更多的劳动剩余时

大地湾文物精品——鱼纹彩陶盆

间，我们的先人也会考虑"我从哪里来"的问题。母亲赐予我生命，那谁赐予母亲生命？这似乎成了鸡生蛋、蛋生鸡的问题。所以追溯个体的生命史，对生命之源的崇拜也是可以理解的。

4.自然崇拜

彩陶上的纹样一度被认为是"观物取象"，其实先民关照世界的眼光并不如我们所想的那么简单。天文图像花纹，如月亮纹、日纹、星座纹的出土让我们大开眼界，我们的先民不仅活在劳动中，也活在自己的精神中。彩陶纹样除了装饰陶器的目的外，还反映出史前人类接触大自然、体验生活的精神状况。他们对自然界充满好奇，在人类不断进步的过程中，对于大自然的探寻也越来越深入。

大地湾的陶器不仅将先民的足迹推向更为广阔的历史长河，而且为我们把握人类最初的审美情趣提供了实质性的研究实物。从三足钵到细泥红陶再到黑彩夹砂陶，不同时期大地湾呈现出的制陶工艺也在不断进步。黄河作为中华史前文明的源头，孕育了许多古老的生命，尤其是黄河中下游地区，充沛的水量、肥沃的土壤为孕育文明提供了天然的养料，而大地湾的地理位置恰好在渭河上游的黄土高原，成熟的土壤承载了更多的生命奇迹。而作为仰韶文化的起源，它为仰韶文化的出现提供了先决条件。大地湾遗址中共发现了 38 座用于制陶的窑址，陶器在当时已经变成日常生活中非常实用的器具，在距今 8000 多年的大地湾一期遗址中出土的两百多件彩陶是我国最早的一批彩陶。

在一种文明被彻底认可之前都需要很长一段时间去论证它的价值，但是时间会告诉我们历史的真相到底是什么。很多专家学者对大地湾文化的出现避而不谈，似乎在等待一个合适的机会将它彻底掩埋。但是大地湾文化的出现是我们不可忽视的重要线索，它跟黄河流域史前的文明中心有着千丝万缕的联系，跟甲骨文的解读也有着密不可分的关系。大地湾文化无疑打开了史前人类文明研究的大门，它的时间跨度赋予了它非凡的历史使命。大地湾彩陶的发现和国外目前发现最早的两河流域的耶莫有陶文化和哈苏纳文化的彩陶年代大致相同，同为世界上最早出现彩陶的史前文明。历史久远的成批量的彩陶出现足以说明中国的彩陶发源地就在地处西北的黄土高原，而这朵文明的奇葩也将带我们进一步去了解史前文明。

大地湾之谜

THE MYSTERY
OF DADI WAN

柒

第七章一农业肇始一

NONGYE
ZHAOSHI

一、农业的起源

140 亿年前的大爆炸形成宇宙，而宇宙的无边无际又让人类感叹地球的渺小以及人类的微不足道。然而地球的面貌也因为人类文明的发展而逐渐发生变化。那么，人类是如何从蛮荒过渡到文明的？这就要从种子说起，从农业说起。地球上的农耕文明，被称为"绿色革命"或"新石器时代革命"，在人类最初的数百万年里，大自然为人类提供了丰富的食物，人们以在丛林中采食野果、猎食野生动物为生。然而，在距今大约一万年时，我们的祖先走出丛林，种植农作物，开始定居，渐渐地放弃了他们擅长的采集、捕猎活动，最终由食物采集者变成了食物生产者。除此之外，在食物供给极不稳定的情况下，为了获得充足的食物，人类开始驯化动物，从而获得了稳定的食源。

关于农业的起源，古今中外有很多神话传说。古希腊女神德墨忒尔是农业、生育、婚配之神；在埃及，发明农业的神是大地和太阳的女儿爱西斯。关于中国农业的起源，古籍中有许多美丽动听的传说，并经常把农业的起源归功于伟大的神农、后稷、黄帝或其他帝王、名臣等等。从宗教上来说，动物和植物的驯化及改良主要是为提供祭祀用的供品。在从西班牙、葡萄牙延伸到印度有一条"公牛带"，此带内的人们对牛有一种特殊的宗教感情。从这些传说中我们可以了解到原始农业的基本面貌。

在旧石器时代，人们学会说话，制作工具，使用火，这是人区别于动物的主要原因。动物们为了生存捕食猎物，被动地生活，只能根据猎物所在地而谋生。人类从食物的采集者逐渐转化成食物的生产者，于是进入了新石器时代，石器的发明让人类的生产更为便利。虽然原始人对农业尚不知晓，但是对当地的植物生长非常熟悉，由此开始了对动植物的驯化。从开始驯化到农业革命经历了漫长的时间，即"前农业"时期。斯塔夫里阿诺斯在其著作《全球通史》中也解释了人类进入农业社会比较缓慢的重要原因，即可被驯化的植物和动物比较少。在整个人类历史中，人类只驯化了几百种植物和几十种动物，而且，被驯化的植物必须拥有较高的食物产量并能够适应一定的环境。如果不能满足这些要求，那么这种植物即使被驯化，也必定不会有好的结果。今天美国的印第安人，在史前就栽培了藜、沼泽接骨木、羊尾草和向日葵，但这些植物的食物产量没有一个能对印第安人的生活方式产生重要的影响。同样，所驯化的动物也必须是能在人的面前毫无本性和防御性反应的，也必须能在人的饲养下生长繁殖并且愿意吃人给它们的食物。欧、亚、非三大洲的早期人类还是相当幸运的，他们获得了能够给人类提供肉、奶、毛和役用能力的动物。而美洲印第安人则相反，由于缺乏合适的可驯化动物，他们不得不驯化安第斯骆驼、美洲驼、羊驼和骆马。[87]（图一）

农业的出现对人类古代文明的发展起到了重要作用。全世界有三个主要的农业起源地，第一个在西亚，也就是现在的伊拉克及其周围地区，这个地方是小麦与大麦的起源地，也是绵羊和山羊的起源地，这种农业叫作有畜农业。栽培农业分为两种，一种是有畜农业，一种是无畜农业

87 L.S.斯塔夫里阿诺斯;李群:《农业的起源与传播》,《农业考古》。

图一

（就是只栽培作物，不养家畜）。西亚的农业是有畜农业，这种农业发展
到一定阶段便产生了两河流域的文明，就是古苏美尔、阿卡德和后面的
巴比伦。这种农业传播到尼罗河流域，产生了古埃及文明；传播到印度
河流域，产生了古印度文明。这个印度河不是在现在的印度，而是在巴
基斯坦，因为巴基斯坦跟印度原来是一个地理区域，都叫印度。所以以
小麦、大麦为基础的农业传播范围相当广，在历史上起了非常大的作用。
第二个就是中国，中国是小米和大米的起源地。小米是指粟、黍，主要
在黄河流域起源和发展，后来成为中国北方的主要农作物。北方现在主
要的谷物是小麦，而小麦又是从西亚那边传过来的，不是中国原生的。
中国的长江流域是稻作农业的起源地。所以中国是两种农业的起源地，
北方是以小米为主的农业，南方长江流域是以大米、稻作农业为主的农
业起源地。第三个是在美洲，美洲是玉米的起源地。我们中国现在也大
量地种植玉米，玉米是在明代才传过来的。美洲的农业是无畜农业，没
有家畜，以玉米为主体，还有南瓜、豆类，所以玉米、南瓜、豆类，在
印第安人的传说里被称为"农业三姐妹"。

　　作为世界农业起源地之一，我国农业历史悠久，原始农业的产生大
约是在距今一万年前，由于南北方的气候条件不同，所生产的作物也是

不同的。一种生在中国南方的野草叫作野生稻，生在中国北方的野草叫作狗尾巴草和野糜子，经过若干年的栽培，它们分别被我们的祖先驯化成水稻和谷子，这使得栽培植物的早期农业的发生成为可能。农业起源是我们人类社会发展史中最重要的一个阶段，在农业出现之前，我们人类对自然是被动适应的，自然给我们提供什么我们就获取什么，但是农业出现之后，人类就拥有了主动改造与改良自然的能力，从而能够从自然中获取到更多的基本生活所需品。

我国是一个拥有十三亿人口的大国，人口约占全世界总人口的百分之二十二，而耕地面积只占全世界耕地面积的百分之七，我们靠世界百分之七的耕地养育着世界五分之一的人口。我们的祖先完成了从蛮荒到文明的过渡，从而推动了人类文明的进步。

二、黍的由来

《汉书·郦食其传》中曰："民以食为天"。粮食对于人类的发展起着至关重要的作用，农业的传播过程是很漫长的，在全世界的很多地方都是独立发生的。但农业独立起源于墨西哥、中国北部地区和秘鲁，除此之外，还独立起源于中东地区，既叙利亚和伊拉克的底格里斯河和幼发拉底河流域，以及土耳其、叙利亚、黎巴嫩和以色列所属的地中海东海岸地区。

在中国北部地区有一种粮食叫黍，又叫"稷"或者"糜子"，是汉族最早用于耕作的植物之一。尤其在山西大同、忻州一代的北方地区，黍是重要的粮食作物。在中国古代，人们把稻、黍、稷、粱、麦、苽六种农作物称为六谷，黍就是六谷之一。黍类在亚洲很多地区、俄罗斯和西非是重要的粮食作物。在美国和西欧主要作为牧草或用来制干草，但在中世纪的欧洲也作为主要谷物。黍类有很多种，如珍珠黍（是印度和非洲的普通粮食，适于贫瘠干燥土壤）、扫帚黍（在美国作为饲料，在亚洲和东欧供食用）、谷子（也称小米或粟，北美和欧洲西部作为干草种植，在中国等亚洲国家是重要粮食作物)、指黍(南亚和非洲部分地区的重要粮食作物)、日本黍(种植于日本和美国,用于制干草) 等等。黍类的碳水化合物含量高,蛋白质含量约 6% 至 11%,脂肪含量约 1.5% 至 5%。黍类味浓,不能制膨松面包,主要用于制作小面包干及粥或饭,世界年产量约 3000 万吨,主要生产国是印度、中国、尼日利亚和俄罗斯。

从全球范围来看,粟黍的种植并不广泛,在谷物生产中的比例不高,但在东亚、南亚、东欧和非洲的部分地区,仍是占有一定地位的农作物。粟、黍是人类最早驯化的作物之一,对于探索农业的起源具有非凡的意义。学界一般认为,粟和黍起源于中国华北地区并四散传播,但由于其在欧洲、近东、中东以及南美洲和东南亚岛屿山区的种植也很早,分布范围较广,所以直到今天世界上仍有持不同意见者。[88] (图二)

世界上其他地区也有粟类遗存的发现。在中美洲墨西哥的塔毛利帕

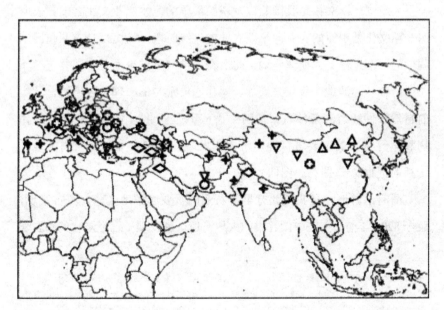

图二 世界黍的主要实物遗存分布

□8000—7000BC △7000-6000BC ○6000-5000BC ✧5000-4000BC △3000BC ✚2000BC ◇1000BC

---

88 何红中:《全球视野下的粟黍起源及传播探索》,《中国农史》,2014 年 2 月。

斯遗址中发现玉米成为人类主食之前的粟，年代为公元前 4000 至公元前 300 年；欧洲最早的粟实物证据为公元前 3000 年，发现的公元前 1000 年的粟数量有明显增加；[89] 日本发现最早的粟见于北海道 UsujiriB 遗址，属于绳纹时代中期晚段；[90] 韩国，Lee 于 Chulmun 文化中期（相当于我国新石器代末期）的房址地面上发现了粟，测定年代为公元前 4590 年到公元 140 年之间。[91]

中国目前发掘的新石器时代黍遗存也有约 20 处，其中，最早的黍实物遗存距今约 10000—8700 年。[92] 此外，内蒙古赤峰敖汉旗境内兴隆沟遗址出土的炭化黍粒年代为距今 8000—7500 年间。[93] 甘肃省秦安县大地湾遗址一期文化层中出土的炭化黍粒年代为公元前 7800 年—7350 年，在黑龙江、吉林、辽宁、山西、陕西、青海、新疆等省区也发现了五六千年前的黍遗存。[94]

大地湾一期文化是我国北方发现的最早的原始农业文化之一。大地湾一期文化处于原始农业向早期农业的过渡阶段，而这只是农业起源过程中的环节之一。大地湾一期文化所在的渭河上游也不是中国北方旱作农业的唯一起源地，仅仅是黍作、粟作农业地带的一部分。不过，从史前自然条件和经济条件看，渭河上游应该是西北地区黍、油菜等农作物和羊等家畜的重要培育地，考古也发现大地湾农业文明向周围地区传播的证据。（图三、图四）

渭河上游地区是我国北方旱作农业的重要起源地之一。考古发现，距今 8200 年前后，在中国甘肃的大地湾遗址就发现了已经炭化的粮食作

---

89 黄其煦：《黄河流域新石器时代农耕文化中的作物（续）》，《农业考古》，1983 年第 1 期。

90 Cary W.Crawford,The Transitions to Agriculture in Japan,Transitions to Agriculture in Prehistory. Monographs in World Archaeology No.4,Prehistory Press,Madison,1992：117–132.

91 Lee,G–A.,Changes in Subsistence Systems in Southern Korea from the Chuhnun to Mumun Periods:Archaeobotanical Investigation.University of Toronto,2003.

92 中科院地质与地球物理研究所：《吕厚远小组东亚旱作农业起源研究获得重大进展》，http：//news.sciencenet.cn/html–news/2009/4/218609.html，2009 年 4 月 23 日。

93 赵志军：《有关农业起源和文明起源的植物考古学研究》，《社会科学评论》2005 年第 2 期。

94 陈文华：《农业考古》，文物出版社，2002 年，第 47 页。

图三　（来源：大地湾博物馆）　　　　图四　（来源：网络）

物黍和油菜籽的残骸，一般株高 0.3 米至 1.3 米（珍珠黍可高达 1.5 米至 3 米）。作为中国小杂粮的一种粮食作物，黍成熟以后是金黄色，是非常重要的粮食作物。很多人会有疑问，甘肃地处西北，这么干燥的地区为什么会有黍的痕迹呢？其实，大地湾文化的发源地——甘肃省天水市，气候较为湿润，属于暖温带气候区，因此被称为"陇上小江南"，因为降雨丰富，土质肥沃，特别适宜大量的粮食作物生长，尤其是麦积山地区的气候格外湿润，这就为粮食的生产创造了条件。

大地湾前临滔滔的大河，后依郁郁葱葱的群山，尤其在史前时期，气候湿润。在大地湾发现的骨鱼钩以及从当地出土的留有鱼纹的彩陶上我们可以得知，当时的人们也把捕鱼作为获取食物的主要活动。从大地湾的陪葬物品中专家们发现了被驯化的野猪的下颌骨，由此可以推断，大地湾的先民们已经可以把多余的猎物饲养起来，也说明当时狩猎水平的提高。但是驯养家畜需要足够的粮食，那么大地湾的先民又是从哪里得到多余的粮食来分给牲畜呢？这又进一步说明了当时粮食的充足。从大地湾遗址中发现的已经炭化的种子表明当时的人们已经开始保留种子，说明原始农业已经存在很长时间。因此，大地湾人这时已经开始发展种植业，有了固定的食物来源，这也说明他们在这里定居下来。在这里不仅发现了上百处半地穴式的原始建筑，还发现了一座被编号为 F901 的 420 平方米的大房子，这也被专家鉴定为中国最早的水泥地面，进一步证明了大地湾的人们已经开始过上农业定居的生活，而定居的很大原因就是因为有了稳定的食物来源以及优越的地理环境。大地湾和西山坪大地湾一期新石器遗址，是我国北方目前发现的最早的原始农业遗址中的两个，它们的发现，为探索北方旱作农业文明的起源提供了重要的线索。

三、大地湾与美索不达米亚农业发展的对比

梁启超在其《二十世纪太平洋歌》中认为"地球上古文明国家有四国：中国、印度、埃及、小亚细亚是也"。这是"四大文明古国"概念的早期雏形，后来人们将"小亚细亚"修改为两河文明中的一个重要文明——巴比伦。《世界文明史》中美国威廉·麦克高希称"巴比伦、古埃及、古印度、古代中国、古希腊是世界上的五大文明发源地"。斯塔夫里阿诺斯的《全球通史》中提及"中东、印度、中国和欧洲这四块地区的肥沃的大河流域和平原孕育了历史上最伟大的文明。"这些文明使欧亚大陆成为世界历史中心地区。更明确地说，中东的文明中心包括尼罗河流域、底格里斯河和幼发拉底河流域及伊朗高原，印度的文明中心位于印度河流域和恒河流域，中国的文明中心是黄河流域和长江流域，欧洲的文明中心在地中海北岸地区。我们不难发现，四大文明古国都建立在容易生存的河川台地附近，河流的灌溉为农业的发展奠定了基础，也成就了未来的文化发展。

美索不达米亚文明作为世界上最早的文明之一，发源于底格里斯河和幼发拉底河之间的流域，因此又叫两河流域文明，因为两河沿岸长期水源充足而造就了肥沃的土地。幼发拉底河是西亚最大的河流，幼发拉底河源于土耳其东部安纳托利亚高原的内托罗斯山脉，流经叙利亚和伊拉克，最后与底格里斯河合流为阿拉伯河，注入波斯湾。主要靠高山融雪和山区降雨补给，水量丰富，但是由于沿途蒸发以及大量的灌溉导致中下游流量减少。幼发拉底河在伊拉克的希特附近进入平原地带后，河流沿岸形成伊拉克重要灌溉农业区。美索不达米亚平原南部在海拔 150

米以下，亚述疏林草原让位于底格里斯河、幼发拉底河与卡伦河的下游流域，它们合流注入波斯湾。这里年降雨量低于 250 毫米，该雨量对旱地农业常常是不够的，草场被两种群落环境所取代：较高处是冲积沙漠和风成沙丘，低洼区域是边缘长有芦苇的沼泽。三角洲地区是一个下陷的地槽，慢慢被河流淤积填充和占据，大河在其自身天然的堤岸间流过这里，周期性地发生洪水和改道。与我们一度认为的相反，该地区从未到过波斯湾水面以下。而且在史前时期，它一定看上去和今天面积大小一样。正是在这一地带，城市生活、文明与文字约在公元前 3000 年开始出现。虽然永久性聚落何时在此出现还不确定，但早在公元前 5500 年的村落，甚至在幼发拉底河以西的荒凉地区也已为人所知。这些村落肯定是随古代沼泽和河道分布，在此范围以外不可能有农业，放牧也很困难。（图五）

有观点认为前农业时期的最后一千年是作物扎根于其生长区域的时期，也是自然资源开发日益强化和区域化的时期。虽然这在火石工具上

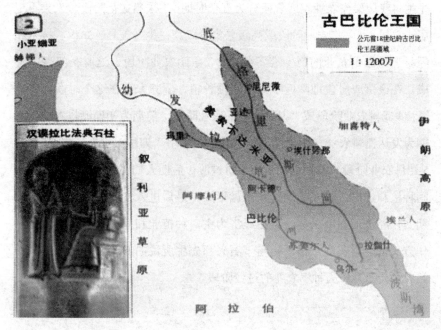

图五

确实有所反映，但这种"地区专门化"可能并不是导致食物生产的必然趋势。从人类生态学的观点来看，最重要的一个因素可能是上面所提及的开拓不同环境条件群体之间资源交换方式的确立，是由一种原始的再分配系统导致的。正是这种方式为某些关键的可食草种从其原生生境向异地生境的迁移创造了条件。凭借事后之明，我们可以发现当最初的种子被播种时，从"食物采集"向"食物生产"转变的趋势就开始启动。但是从生态学观点来看，重要的一点不是人类种植了小麦，而是人类将它移植到它原本不适应的环境中并去除了某些自然选择的压力，使得更多正常表现型变种能够生存，最终选择那些在自然选择条件下并不有利的特征。[95]

农业的起源不等于栽培植物的起源，某一早期遗址并不能代表农业的起源地，它仅仅是漫长的农业起源过程中的一个小小的环节。农业独立起源包括农耕方式独立起源和种质独立起源，粟和水稻分别起源于黄河和长江流域，但农耕方式可能起源于华南地区。中国考古学家石兴邦先生将我国粟作农业发展阶段分为五个时期：1.采猎文化阶段，人类不定居或穴居；2.采集农业阶段或高级采集阶段。在生产工具、知识、技术和经验上为原始农业的产生准备条件；3.原始农业阶段。这时初级聚落形成，在聚落或居住地附近小面积点播种植。驯养家禽在这个时候也开始了；4.锄耕农业阶段或"刀耕火种"农业阶段。前期为初期锄耕农业，后期为发达锄耕农业，间歇性地更移住址，采用"刀耕火种"的生产方式；5.犁耕农业阶段。前期由锄耕向犁耕过渡，后期人们在同一个地方较长时间种植和定居，较大的聚落和聚邑形成，最后进入文明时代。大地湾一期文化经济形态以采集、狩猎经济为主，种植业和家庭畜养业为次，耕作方式可能为灰坑点播，相当于石兴邦先生所说的原始农业阶段或由原始农业向"刀耕火种"农业的过渡阶段。[96]

95 肯特 V.《美索不达米亚早期食物生产的生态学》,《南方文物》,2008 年 4 月。
96 苏海洋:《论大地湾一期文化与中国农业起源的关系》,《西北农林科技大学学报》,2009 年 11 月。

　　大地湾一期文化是目前发现的最早的黍、油菜的栽培地，但并不意味着这是其唯一的起源地。野生的粟、黍和油菜在迁入地不是呈点状分布，而是呈带状分布。因此，探索黍、粟和油菜等农作物的起源地不应该局限于个别地点，而应该将目光投向黄土高原东南边缘的沟谷、山前坡地和台地，秦岭山地的河谷阶地，淮河上游山地和平原，山东丘陵南部的河谷和台地等适宜于粟类作物生长和培育的地带；投向青海东部、甘肃中东部、宁夏、陕西北部、山西中北部、河北北部、内蒙古中东部和辽宁中西部等适宜于黍类作物生长和培育的沙性黄土地带。大地湾一期文化所在的渭河上游地区可能不是农耕方式的独立起源地。尽管早在旧石器时代末期就有陇山以东文化向陇山以西传播的传统，但考古发现大地湾一期文化似乎有更加复杂的文化背景。

　　对比美索不达米亚与大地湾农业发展我们不难发现，河流在农业的发展过程中起到了至关重要的作用。自然环境对于粮食的影响举足轻重，不仅要有适合植物生长的气候条件，黍、粟等农作物适宜在年积温大于等于 10 摄氏度，年降雨量 400~600 毫米的环境中生长，也就是现在的渭河上游地区，不仅在史前适宜黍类的生长，现在也同样适宜，地形和土壤条件也为这里发展农业提供良好的环境。大地湾遗址两面临沟，具有良好的排水条件，而且结构稳定，不宜滑坡，土层深厚，土质疏松，非常有利于旱作农业。美国文化地理学与历史地理学学者卡尔·奥特温·苏尔在其《农业的起源与传播》一书中认为，一个地形多样、气候复杂、动植物种类丰富的地方，应该是农业的驯化中心之一。[97]

　　社会经济条件的发展，为原始农业的产生准备了条件。渭河上游原始农业经济产生的另一个历史背景是旧石器时代晚期石器工艺的进步和石器类型的多样化。旧石器时代晚期的泾渭流域亦出现了典型的细石器传统工艺，石器类型向多样化方向发展，区域性特征更加明显。石器工艺的进步和石器类型的多样化，使人类有可能制造出在木柄或骨柄上镶

97 邓辉：《卡尔·苏尔的文化生态学理论与实践》，《地理研究》，2003 年。

嵌细小石刃的复合工具，而复合工具的出现为原始农业经济条件下砍伐草莽、整地掘土的工具，如石斧、石铲的发明准备了条件。

四、农业之官后稷

农业文明是古代人类进步的主要标志，如果没有谷物种植的发明，人类可能还处在蛮荒时代，农耕经济为我们创造了灿烂的文化，这就为后稷崇拜渗入我们的社会生活提供了基础，与其说是人们对后稷的崇拜，不如说是人们对于农业生产活动的依赖。关于后稷的传说也有很多，其中传颂最多的还是来源于司马迁《史记·周本纪》的解读：传说有一天，后稷的母亲姜嫄在散步，碰见一个巨人的脚印，突然感觉一股暖流在体内泉涌，冲击遍身穴位，并莫名地产生一种踩踏这个大足迹的强烈欲望。当她把脚套在巨人足印的大拇指上时，感觉腹中有婴儿在动，后来就生下一个儿子，以为是妖，就用尽各种办法抛弃他，但都没有做到，后稷母亲以为这是神的指示，就把婴儿抱回去抚养。因为最初本是要抛弃他，所以给他起名叫"弃"。这个传说和伏羲的出生传说一样，不知是巧合还是传说中有了混淆，总之都是说明先祖乃神之子。

后稷发展农业的传说也是众说纷纭，其中《诗经》中有三篇歌颂后稷功劳的诗篇，分别是《大雅·生民》、《周颂·思文》和《鲁颂·闭宫》。《鲁颂·闭宫》中说："黍稷重穋，稙稚菽麦，奄有下国，俾民稼穑"。从这里我们会发现，后稷教民稼穑，种植的有黍、稷和稻。从时间上我们可以进行推断，在灭商之前，周部落生活在渭河流域，始祖就是农神后稷。从各种史料记载中不难发现，后稷所种植的一些农作物都是盛产于北方，尤其渭河流域降水丰富，土地肥沃，我们基本可以推断出在大地湾遗址中发现的炭化的黍粒，对于后稷种植粮食也产生了重要的影响。（图六）

中国农业在经历了漫长的原始农业时代后，是周部落率先摒弃了粗放农业自然生产状态，把农艺措施运用于生产和实践。后稷教民稼穑，

图六 （来源:网络）

负责管理华夏族的农事活动，从而带动了整个关陇乃至黄河流域的农业
发展。这也使得黄河流域能较早步入文明，并且长期成为中国古代政治、
经济、文化的中心所在，可以说周人的农业经营功不可没。北迁，砥砺
了周人逆境向上的坚毅品性，《史记·周本纪》有"不失其官而奔戎狄之
间"的记载，因为戎狄部落的侵扰，周人正常的社会进程受到影响，但
是周人并没有放弃他们的农业，一直坚持农业经营，促进了农业科技的
进步，进而推动了社会经济的发展。北迁还促进了周人农业科技的进步，
我们所说的"地宜"理论就是来源于周祖后稷，也就是说选择与创造良
好的宜农环境，就是对中国农业最大的贡献。后稷传播农事向北到达过

甘肃庆阳一带，还形成了卓有成效的农官体系，在长期的生产实践中不断积累和总结，推广农业生产技术和理论知识，成为农事之师。他们把丰富的农事经验运用于周族的迁移中，因地制宜地进行农业生产，这也是周部落能始终有效地和农业结合在一起的原因。

后人对于后稷教民稼穑，使人民得以饱食，天下得以安宁反复颂德，《国语》中说后稷为了传播农业技术，勤劳农事而死于山野中，也使得后稷的农业英雄形象变得更加高大。在后稷艰苦创业辛勤耕耘的三秦大地上，周、秦、汉、唐等王朝均以农业为立国的基石，建立起称雄数百年的强大王国，也把后稷时代的粗放农业发展到传统农业的新高度。这些后稷的传人们，面向西北，服务人类，不断为开发大西北和推动我国现代农业科学技术的发展做出新贡献。

五、对于人类农业的思考

大约在一万年前，人类在逐步学会驯化植物和动物之后，开始摆脱完全依靠采集和猎取现成天然产品，开始了农业生产。此后在漫长的岁月里，由于生产工具和土地利用方式的改进，农业生产大体上经历过原始农业、传统农业和现代农业三个阶段。随着农业生产技术的发展，人类的经济生活以及对待自然环境的能力也有所改变，当然这是就整个人类的发展过程来说的，因为世界各地区各民族的具体条件不同，其发展水平也不会完全一致。[98]

进入新石器时代以后，人类不仅会制造并使用木棒，并且开始把石斧等石器绑在木棍上，把它作为生产工具来使用，开始了刀耕火种的原始农业。后来人类发明了简单的木犁，并且用驯化了的牲畜来进行牵引。但是，这个时期人们发现耕种过的土地生产力下降之后需要继续选择其他肥沃土地进行生产。另一方面，人们虽然开始使用工具，但是这些工具都是来自自然存在的材料，还需要以人本身作为主要劳动力。这些都

---

98 董恺忱:《世界农业发展历程述略——兼论东西方农业的特点》(上)《世界农业》,1980 年,第 3 页。

导致生产水平低下，还必须经常采集和狩猎，以此来补充所需粮食。

传统农业是以手工工具、人、畜力以及自然肥料作为基础的，在封建社会，传统农业生产始终是关键性的生产。它的时间延续较长，到了资本主义时期以后，农业有了较快发展，由人、畜力耕作过渡到使用机器和电力，施用化肥，对杂草和病虫害也开始用化学药剂加以控制，有的地区还从轮作制过渡到自由种植。总之用工业来装备农业，并把实验科学的成果广泛地应用于农业是这个阶段农业的共同特征，这就是现代农业。在西方国家这一过程是从产业革命开始的，进入21世纪后又大大加快，直至21世纪中期才先后完成的。

农业是人类社会最早出现的生产方式，所以也是最古老的经济部门。在原始农业阶段，原始手工业是作为农业劳动的附属物存在的。只有农业劳动生产率提高了，从事农业的人所生产的食物除了自身需用还有剩余时，才有可能让另一部分人去专门从事手工业。在此基础上才产生了纺纱、织布、冶金、制陶和航海。到了奴隶社会就更加促进了农业和手工业的社会分工，在传统农业阶段，在农村，农业和手工业有时还是结合着的，但在城镇则已逐步形成了独立的工业部门。到了资本主义社会，特别是在大机器工业出现以后，农村的手工业受到排挤而逐步破产，农业虽然还是社会生产的主要部门之一，但它在社会总资产中的比重不仅相对下降，而且已到了必须由现代工业来装备才能保证农业生产顺利进行的地步。从这点来说，现代农业是走向工业化的农业。

就传统农业的技术成就来说，我国领先于中世纪的欧洲。西方农业是粗放型经营的，但农牧结合较好，而以我国为代表的东方国家，以劳力集约为特点，生产率较高。在传统农业阶段，东西方农业生产上的差异是在不同的自然和历史条件下形成的。不过就土地利用和技术水平来看，有共通之处，都是以手工工具、人、畜力和自然肥为基础。如果要全面地对传统农业进行评价的话，它虽然体现了我国精耕细作传统的技术成就，但是也有耗时耗力的局限性，生产布局也有待改进。西方农业在庄园制的影响下，生产发展缓慢，在后来资产阶级的产业革命推动下，发展速度极快，他们对农畜产品的生产供给始终保持较为合理的结构。

中西方在农业现代化过程中也有自己的特点。英国的圈地运动使资本主义占统治地位；法国则是从地主经济缓慢地转变为半雇佣半农奴式的农业经营；俄国在保留封建残余的道路上发展起资本主义生产关系；日本农业机械化的进程晚于很多发达国家，因此，在农业生产过程中存在很多潜在危机。我国在农业现代化的进程中取得一定成绩，但由于人口多、底子薄，只有充分利用自己的国情，批判和继承精耕细作的优良传统，有选择性地学习国外的技术才能实现真正的农业现代化。

由此可见，农业在人类发展进程中起着至关重要的作用，农业和畜牧业的兴起，对人类摆脱野蛮状态起到了决定性的作用，也推动了人类文明的进步。充足的粮食使得我们的社会可以进行更细致的社会劳动分工，使得一部分人脱离基本生活需求的生产活动进而从事更高级的社会活动，例如社会管理、艺术品的创造、手工业的生产等。而这些不同的社会阶层的出现，也使得人类社会结构产生巨大的变化，这些变化直接导致了文明社会的出现。无论科技再怎么发达，粮食作为人类生存的必需品，永远在历史舞台上占有一席之地。人类对农作物和动物品种从认识到选择，对土地的利用从撂荒到深耕细作，生产工具从牲畜到科技技术的使用，都体现着农业生产技术的不断革新与进步。

大地湾之谜

THE MYSTERY
OF DADI WAN

第八章 — 灵魂再生 —

LINGHUN
ZAISHENG

一、墓葬：灵魂不死

许多原始文明都很注重墓葬的形式以及殡葬礼仪，这其实反映了他们对死亡的认识。他们生前便做好死后的准备，看起来是一种自然而然的做法，但实际上表达了他们都有某种对永生的信奉与依赖。他们或信奉鬼神，或相信转世轮回，或相信灵魂不死。原始人的生产力水平比较低下，许多现象无法用科学进行解释，但是对永生的依赖也是原始先民心理的一种慰藉。原始人对自然界许许多多的现象无法解释，认为人的生与死是被一种超越于人之上的精灵在支配，这是产生灵魂观念的基础。恩格斯说过："在远古时代，人们还完全不知道自己身体的构造，并且受梦中景象的影响，于是就产生了一种观念，他们的思维和感觉不是他们身体的活动，而是一种独特的，寓于这个身体之中而在人死亡时就离开身体的灵魂的活动。从这个时候起，人们不得不思考这种灵魂对外部世界的关系。既然灵魂在人死时离开肉体而继续活着，那么就没有任何理由去设想它本身还会有死亡，这样就产生了灵魂不死的观念。"

原始人普遍相信，人死后住在肉体中的灵魂仍然存在。中国仰韶文化墓葬中，死者绝大多数头向西方，马家窑文化墓葬中，尸体则大多数头朝东、面向北。这种葬仪可能表示，当时人认为这样做会帮助死者的灵魂返回传说中的老家，或去往另一理想世界。西安半坡村出土的文物表明，在距今六七千年前，人们以粟为殉葬品。大汶口古墓中的殉葬品有工具、猪头、兽骨等。古埃及人以黄金、食物陪葬，这说明当时的人们认为死者的灵魂需要继续享用食物进行劳动。中国东北的鄂温克人相信人死灵魂不灭，要将死者生前的用具随葬以供灵魂取用，并宰杀一二只马鹿，将鹿头置于祭棚上，头朝西，以表示死者的灵魂将乘着驯鹿奔赴更美好的世界。也有些原始部族认为死者的灵魂会危害作祟，因而在埋葬尸体时要将其口鼻堵塞，以防其灵魂从口鼻中出来危害活人。由此可见，先民对于灵魂不死的信奉很普遍。然而其中亦有各自特殊的存在。

大地湾一期文化的墓地"均为长方形竖穴土坑墓，墓坑四壁较为规整。""皆为单人葬，可辨别葬式的均为仰身直肢葬，双手交叉于胸部。"死去的人们不仅被有意识地安葬，而且存在着随葬品。"死者有埋葬行为与殉葬品。显然当时的人们对死后的世界已经有虔诚的信仰，生前即做死后的准备。"[99]这说明在当时人们的世界观中，已经对灵魂的永生有了信仰，他们相信有一种东西能够不随着形体的消灭而消亡，我们如今虽然不清楚他们信奉的这种永生的东西是什么，但可以肯定的是与灵魂的意义相仿。而且"随葬品中生活用具所占比例最大，生产工具次之，装饰品极少。随葬品多置于腿部及骨架的一侧或胸上。"[100]生者为死者所安放的随葬品，大多是一些生活用品，并且摆放在死者的胸部与腿部的方位，以便死者的灵魂能够轻便地触及、使用这些物品。（图一）

在大地湾二期文化遗存的墓葬中，墓葬形式与第一期没有明显变化，但不同的是这一期的成人墓与儿童墓是分开的。墓葬区也与住宅区明显

99 张光直：《仰韶文化的巫觋资料中国考古学论文集》，三联书社，1999年，第119页。
100 甘肃省文物考古研究所：《秦安大地湾——新石器时代遗址发掘报告》，文物出版社，2006年，第60页。

图一 （来源：大地湾博物馆）

分开，"墓葬区位于大型房屋的前方，即大型房屋与中、小型房屋之间的空地上，较早的集中于东部，较晚的分散于西南部。"[101] 说明这个时期的仰韶聚落常常附带一个葬地，死者有时伴以丰盛的殉葬品。我们可以推测，仰韶时期的先民，有对死后世界的信仰，也许有一套繁缛的葬仪，虽然我们找不到制度化的祖先崇拜的痕迹，但并不是说一定没有。在儿童的瓮棺底部留有小孔，可能是供灵魂出入的通道。云南永宁纳西族认为，"这样便于灵魂出入，在地下扎根，可以通往阴间，否则幽灵不散，扰乱活人。"[102] 儿童墓与成人墓分开，可能是因为这些儿童尚未成年，还未举行成丁礼，还不是正式氏族成员，所以他们死后也不能被葬在氏族公共墓地里去。这就如："云南永宁纳西族的习惯，没成年的人死了，只找个地方掩埋就算了事，不起坟堆，不举行仪式，没有随葬品。这是由他们的信仰所决定的，认为这些死者年龄太小，灵魂还没有长成。同时也是与其所盛行的成丁礼相适应的，没有举行成丁礼的人，还没有成为氏族的正式成员，所以死后也不能葬到氏族公共墓地里去。"[103] （图二）

---

101 甘肃省文物考古研究所：《秦安大地湾——新石器时代遗址发掘报告》，文物出版社，2006 年，第 284 页。

102 宋兆麟：《云南永宁纳西族的葬俗——兼谈对仰韶文化葬俗的看法》，《考古》1964 年第 4 期，第 200-204 页。

103 宋兆麟：《云南永宁纳西族的葬俗——兼谈对仰韶文化葬俗的看法》，《考古》1964 年第 4 期，第 200-204 页。

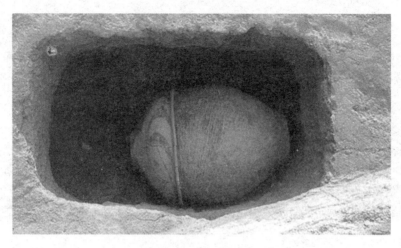

图二

　　大地湾第四期文化遗存的墓葬中，出现了小孩尖底瓶葬和成人仰身屈肢葬墓。屈肢葬者有正常死亡与非正常死亡的区别，非正常死亡者的屈肢葬显然是在活着时举行的，上肢呈捆绑状，下肢呈挣扎状；而正常死亡者的仰身屈肢葬为蹲踞屈肢。根据民族学资料，屈肢葬是在人死后不久，"用麻布带子将死者捆成坐式，脚尖并拢，下肢曲折，两臂交于胸前，女子右手在前，男子右手在后。"关于上述屈肢葬，云南永宁纳西族认为，"自古以来，他们就本着人活着时怎么坐着，人死了也该怎么坐着的规矩捆绑死者。这一说法和独龙族对自己屈肢葬的一种解释类似，他们说人死是一种不醒的长眠，安葬的方式，也仿其生前面朝火塘侧身屈肢睡眠的姿态。"[104]可以发现，在大地湾仰韶晚期，居住在这里的羌人不仅有完整的灵魂观念，有一套完整的服饰与发式制度，而且有屈肢葬表示死者再生的观念，更有人死后灵魂不散的观念。

　　拉法格也说："灵魂观念可以上溯到极为遥远的古代……在野蛮人和半开化人的想象中一切都具有灵魂。"在灵魂不灭观念的支配下，"原始人对死者远比对活人害怕得多……他们把一切的坏事，他们所发生的不幸事故、损伤、疾病、衰老和死亡都归罪于灵魂……假如不能逃开死

104 宋兆麟：《云南永宁纳西族的葬俗——兼谈对仰韶文化葬俗的看法》，《考古》，1964 年第 4 期，第 200–204 页。

者，那就把他埋葬，预先把他的四肢缚起来，在他身上堆起一个土丘使他的灵魂不能逃脱出来；为了安全起见在上面还堆起石块。"对于灵魂的信奉，虽然是普遍的，但是不同的文化亦有各自的处理方法。大地湾的先民所信奉的灵魂不死，其实既是一种普遍的原始思维，又带有地域文化与民族文化的沉淀。

二、死亡礼仪：巫术的目光

由于知识水平和科学发展的局限，巫术成为原始部族用来左右气候、战争、耕种以及狩猎等无法掌控的偶发事件的神秘力量。因此，在原始社会流行着各种各样的巫术。原始巫术具有很大的实用性，通过占卜、祭祀、驱邪等巫术礼仪使人民试图借助神力追求幸运，远离厄运。人们在弱肉强食的原始时代常感到柔弱无力，对很多自然现象无法给予正确解释，先民们在这种生存恐慌中借助巫术产生幻想，得到心理上的暗示，去正视恐惧和危险，从而达到"精神满足"。

关于大地湾发掘的瓮棺葬。夹砂大瓮上扣覆一宽带圆底钵，南向倾斜，上部被损坏，内置一件红陶盂，还有部分儿童骨骼。在远古时期，瓮棺葬是希冀人转世再生的基本墓葬礼仪。把婴儿的尸体放置于圆钵中，这种姿势像胎儿在母腹内的样子，象征着人死后又回到他们所出生的地胎里面去，圆钵便象征着女子的骨盆。此型葬式是将尸体呈胎儿状，研究者认为这象征死后又回到生前母体，希望能重新降临人间，似乎表明先民有着灵魂不灭的观念。再如墓葬701，主体呈长方形，单人仰身屈肢，头朝东北，脚向西南，上身呈弓状，两手交叉于背后，下肢分别向外侧曲。墓主人显然系非正常死亡。上肢呈捆绑状，下肢系挣扎状，专家认为这实际上是在埋葬死者时进行的一种巫术仪式。屈肢葬，即屈肢而葬。《辞海》道："屈肢葬，考古学术语，古代葬式之一。埋葬时将死者的下肢屈折，上肢也往往曲折。"捆绑死者是对他的灵魂进行束缚，诅咒死者不可再生。死者的这种姿态是用绳绑起来阻止死者灵魂出走，向生人作祟。在原始社会，死亡本是生命的终结，但是原始人不愿承认生命的幻灭，所以在巫术中就产生了灵魂的概念，灵魂不死是人们寄予巫术的最大信仰力量。所以巫术中的诅咒往往也是施咒于死者的灵魂和不可再生的信念。应该说，先有灵魂不死的观念，然后有屈肢的葬俗。（图三）

　　岩画、地画作为一种古老的艺术与巫术有着密切的联系。原始巫术中会利用图腾、图画或符号来达到施术的功效。"可以认为在所有原始宗教信仰中，对岩画的产生发生重大影响的是巫术的信仰，其次才是其他的原始宗教信仰。"[105]世界各地的岩画中，以动物和狩猎的题材居多。弗雷泽在《金枝》中讲到这种巫术属于交感巫术，我国学者称之为模拟巫术。德国学者利普斯说："根据原始人的心理，猎物的图画和活的动物本身是一致的。当他们用矛刺中动物的形象时，即将举行的狩猎中就有了成功的保证。"这就是所谓的交感巫术。在大地湾遗址仰韶文化晚期的房址里，发现一组用炭黑绘制的图画。画中人物手持棍棒类的器物，方框内是供祭祀的动物，反映了小家庭的崇拜偶像。考古学家认为这应该是巫术活动中用作避邪的图画，用以诅咒令生者不安的幽灵。另有专家学者认为这实际上是一种巫术画，是当时巫术活动的一种记录性图画，是一幅巫术符咒画。上组人物作手握棍棒之状，方框内是昆虫类形象，

图三

105　詹·乔·弗雷泽《金枝》中译本，第84页，中国民间文艺出版社，1987年版。

图四 （来源：网络）

整个画面表现的是人类群体战胜动物群体的关系。[106] （图四）

原始巫术除了应用于墓葬和岩画、地画，还体现在彩陶盆的纹饰绘制上。原始彩陶纹饰具有浓厚的神秘色彩。从大地湾考古发掘出土的各种彩陶器中发现，动物纹样占比较大，这与人类早期生活环境和狩猎实践生产有着密切关系。在出土的大地湾仰韶文化早期陶器中就有绘制的鱼纹、鸟纹、蛙纹等形象，原始先民在绘制这些图案时是带有某种神秘思想观念的。大地湾马家窑出土的舞蹈纹彩陶盆，"在接近盆口处绘制三组舞蹈纹饰带，每组五人，皆腰系兽皮，并肩携手，欢乐起舞。"[107] 从中我们看到，在原始社会人们无法抵御自然灾害，原始先民把这种圆圈舞作为团结一致的精神力量传达，从而达到和谐、坚定的神之力量。根据弗雷泽的判断，在原始社会，巫术早于宗教。而"在其较早阶段，祭祀和巫师的职能是经常合在一起的。为了实现其愿望，人们一方面用祈祷和奉献祭品来求得神灵们的赐福，而同时又求助于仪式和一定形式的

106 尚民杰：《大地湾地画释意》，《中原文物》1989 年第 1 期。
107 薛永年，罗世平等：《中国美术简史》，中国青年出版社，2002 年，第 5 页。

话语，希望这些仪式和言词本身也许能带来所盼望的结果而不必求助于鬼神。"[108] 从大地湾仰韶文化中，可以看到原始人在墓葬、岩画、地画、彩陶等方面利用巫术进行意志控制和幻想希冀的理念。

巫术是一种"前宗教"形态，它由一系列的仪式组成。原始先民有着各种各样的崇拜，这些崇拜又包含着一定的巫术礼仪。正如爱德华·麦·伯恩斯所说："原始人的宗教有一大部分是由祛除灾祸防患于未然的仪式组成。"例如先民们谁都不敢动一个没见过的野兽，除非事先进行祈祷或利用巫术诅咒争取避免灾害和受到神的恩典。再如在墓葬中要将鱼纹式样的陶钵作为随葬品，供死者在阴间享用。鱼等图案作为巫术中的图腾说，带有灵物崇拜意识，实际上是埋葬死者时进行的一种巫术仪式，自始至终体现着灵物崇拜在葬俗上的施行。人们希望通过巫术礼仪祈祷神灵们赐福或者利用巫术仪式对死者进行诅咒。原始祭祀、丧礼贯穿着巫术。在中国最早关于巫术招魂礼仪的文献《楚辞》中的《招魂》记载道："帝告巫阳曰：'有人在下，我雨辅之，魂魄离散，汝筮予之'。"巫术因人们相信灵魂不死不灭的信仰而产生并得以延续。

三、宗教的意味：原始崇拜

原始宗教其实是一种特殊的社会意识形态。恩格斯指出"思维对存在，精神对自然界的关系问题，全部是哲学的最高问题，像一切宗教一样，其根源在于蒙昧时代的狭隘而愚昧的观念。"[109] 其实，从一定程度上来说，宗教的产生是人类在自然面前无力的表现。

随着人类生产力的不断发展，人类的思维水平亦是不断地进步。但是在面对一些复杂的现象时，人类的思维仍没有达到能够解决其问题的水平。于是人们错误地"把自然现象超自然化，并且进行崇拜，求得精神上的安慰，从而出现了最早的宗教"。而原始宗教的变化过程，一般说

108 詹姆斯·费伦：《作为修辞的叙事：技巧、读者、伦理及意识形态》，陈永襄译。北京大学出版社，2002年。
109 《马克思恩格斯选集》，1995年版第4卷，第224页。

是由自然崇拜转为图腾崇拜，以后又发展成为祖先崇拜，但是在过渡阶段，发达的图腾崇拜和初级的祖先崇拜是共存的。

自然崇拜是比较原始和低级的一个阶段，出现于新石器时期。通俗来讲，就是把不能够解释的自然事物直接作为崇拜的对象。把自然物和自然力视作具有生命、意志和伟大能力的对象而加以崇拜，是最原始的宗教形式。当时人们尚未形成明确的超自然观念，但已开始具有将自然物和自然力超自然化的倾向。以人格化的或神圣化的自然物和自然力等作为崇拜对象是自然宗教的基本表现形态。崇拜范围包括天、地、日、月、水、火、风、雨等自然万物。原始人认为这些自然存在的现象表现出生命、意志、情感、灵性的奇特能力，会对人的生存及命运产生各种影响，因此对之敬拜和求告，希望获其消灾降福的佑护。这种具有原生型特点的宗教崇拜形式自远古社会延续下来，成为流传至今的宗教信仰之一。在大地湾文化中，比较明显的是火与水的崇拜。先说火的崇拜。在大地湾早期的遗存中，其使用火的痕迹就已经很普遍了。如农业生产，原始先民主要的耕作方式是刀耕火种。这种耕作方式体现了原始先民懂得火的力量与破坏力。当然，在制作陶艺的工艺上，也体现着火的使用。大地湾早期遗址出土的彩陶已有一定的数量，而且制作比较精美。另外，大地湾四期文化大型宫殿式建筑室内所有的木柱子周围都采取了防火措施，这是中国最原始的消防实例。正是因为火不仅具有原始先民可以利用的地方，而且也有着其不能掌控的破坏力。面对这种破坏力，原始先民的心理是恐惧和敬畏的。他们一方面积极利用火来播种、制陶等，另一方面也对火的未知性保持着崇拜。其实，纵观人类文明史，"拜火"成为一些宗教的普遍共识。这也可能是从原始先民的自然崇拜发展而来的。与火崇拜相对应的，便是水的崇拜。水火无情，同火一样，水在给人类社会带来便利的同时，也带来了极大的灾难。这种对自然的无能为力，对水的敬畏，使得人们产生了对水的崇拜。大地湾先民的居住址最初选在清水河南岸第二、第三阶地上，到仰韶文化晚期，居址已迁至半山腰地带。而且年代愈是晚，居住点愈是高。可以推测，这应该是原始先民为了躲避水患而做出的改变与让步。

　　图腾崇拜是对自然崇拜的进一步发展，而且随着氏族的发展而发展。图腾一词来源于印第安语"totem"，意思为"它的亲属""它的标记"。在原始人信仰中，认为本氏族人都源于某种特定的物种，大多数情况下，被认为与某种动物具有亲缘关系。于是，图腾信仰便与祖先崇拜发生了关系，在许多图腾神话中，原始人认为自己的祖先就来源于某种动物或植物，或是与某种动物或植物发生过亲缘关系，于是某种动植物便成了这个民族最古老的祖先。而且图腾崇拜中，动物又占多数。这是缘于当时先民的眼界狭隘与氏族制度的特点。原始人不懂得男女媾和繁衍人类的道理，而认为本氏族的祖先与某种动植物，特别是动物有密切联系，氏族的祖先就是图腾动植物的化身或转世。在原始的初民社会中，人们除了动植物外，还能到哪里寻找材料解释人类的起源呢？动物与人类在许多地方相似，又有许多人类没有的优势，如鸟能在空中飞，鱼能在水中游，爬虫会蜕皮又避居于地下……这一切，都是初民们把动物作为图腾对象第一位的原因。在大地湾出土了很多鱼纹盆，有单体鱼纹、复合鱼纹和演化的鱼纹。在西安半坡出土的彩陶纹饰中，还有人面衔鱼、鱼寓人面的奇特复合纹饰，这意味着人和鱼是共同的两个方面，人和鱼是相互的，这种寓意深奥的人和鱼的复合纹样，则是"半坡部族人们认为鱼类是始祖神的艺术体现"。因此，鱼纹可能是当时的图腾纹样，显现了当时原始先民对鱼的崇拜。鱼在图腾文化中具有生殖崇拜与乞求丰收的意义。李泽厚在《美的历程》中提到"仰韶文化的特点，是动物形象和动物纹样多，其中尤以鱼纹最普遍，有十余种。据闻一多《说鱼》中的说法，鱼在中国语言中具有生殖繁盛的祝福含义。但闻一多最早只说到《诗经》《周易》。那么，我们是否可以把它进一步追溯到这些仰韶彩陶呢？像仰韶半坡彩陶屡见的多种鱼纹和含鱼人面，它的巫术礼仪含义是否就在对氏族子孙瓜瓞绵绵长久不绝的祝福？……中国终于成为世界上人口最多的国家，汉民族终于成为世界第一大民族，是否可以追溯到这几千年前具有祝福意义的巫术符号？"（《美的历程》第一章第三节《有意味的形式》）而赵国华先生《生殖崇拜文化论》言"从表象观察，是半坡先民崇拜鱼类；从深层分析，则是他们将鱼作为女阴的象征，实行生殖崇拜，其目的是祈求人口的繁盛"。生殖的崇拜也正是人们对鱼崇拜的意义所在。

祖先崇拜是在母系氏族社会向父系氏族社会的发展过程中，由图腾崇拜过渡而来。即在亲缘意识中萌生、衍化出对本族始祖先人的敬拜思想。最初始于原始人对同族死者的某种追思和怀念，将本族的祖先神化并对之祭拜，相信其祖先神灵具有神奇超凡的威力，会庇佑后代族人并与之沟通互感，超越了原始图腾崇拜和生殖崇拜的认识局限，不再用动植物等图腾象征或生殖象征来作为其氏族部落的标志，具有人文特征。在大地湾的地画中，有表现男女交合场面的舞蹈，而这是氏族社会祖先崇拜和祖先祭祀活动的一项主要内容。在氏族社会，生殖活动是庄严、高尚、圣洁的。在祭祖时用舞蹈形式表现男女交合的情景，促使女性"载生载育"，他们认为这是对氏族的最大贡献和功绩，具有神圣的意

远古村落模型

义。大地湾的地画表现了祖先崇拜仪式的主要内容。对于大地湾的一幅地画，张朋川先生认为："地画中的人物表现的是祖先崇拜"。[110] 宋兆麟先生认为："应该是家庭成员对已故长亲的信仰"。[111] 这都体现了对祖先的崇拜。

自然崇拜、图腾崇拜与祖先崇拜，虽然是不断发展的，但其中的关系颇为复杂，并不是简单的进化关系。我们在这里所需明晰的并不是三者之间的异同关系，而是其中所表现的原始宗教的意味。宗教是对人类心理的某种慰藉，原始先民对一些不能解释的现象心存畏惧，进而崇拜祈求庇佑，实际上是人类从古至今的需求。时至今日，宗教依然存在，因为人类的认识在特定的时代总是有所局限的，而宗教稀释了人类对未知世界的恐惧，使得人类在对彼岸世界的向往中获得慰藉与安定。这是宗教的意义所在，也是存在于人类集体无意识之中的共性。

110 张朋川:《迄今发现的我国最早的绘画——大地湾原始社会盾址地画》,《美术》,1986 年。
111 宋兆麟:《室内地画与丧迁风俗——大地湾地画考释》,《中原文物》,1986 特刊。

第九章 — 原始崇拜 —

YUANSHI
CHONGBAI

大地湾之谜

THE MYSTERY
OF DADI WAN

　　在中国这个古老而又充满文明的神奇国度里，我们的祖先一次次用智慧留下他们生活的足迹。绘画作为古老的原始艺术，最早就以岩画的形式出现在人类的生活中，对人类文明的发展做出了独特的贡献。

　　我国的绘画拥有悠久的历史，除了迄今为止最早发现的大地湾地画，还有湖南长沙楚墓出土的战国时期的帛画。帛画的绢地呈棕色，用朱砂、石青、石绿等矿物颜料，绘成神话传说以及人物等图像。画面的布局对称，线条流畅，描绘精细，色彩绚丽，在我国的考古发现中，实属罕见的艺术杰作，距今已有两千多年的历史。而这幅战国时期的帛画所呈现出的成熟的艺术风貌，早已跨越了绘画的肇始阶段。在我国的北方草原地区的南缘和南方的云贵高原一带，发现了新疆天山牧区岩画、贵州贞丰红岩岩画等。虽有早期牧人和农人的岩画和崖刻被发现，但这些作品的年代难以确定，对其中的早期作品是否产生于原始社会的问题尚存争议。西北地区的原始社会居址中，在壁面上发现曾绘有图案。如距今四千年左右的宁夏固原店河齐家文化居址的白灰面墙壁上，发现了用黑、红两色绘成的几何形图案，说明这地区已有在壁画上绘图的风俗。此后在渭水上游又发现了历史年代更早的大地湾仰韶晚期居址地画，并非是偶然的现象。

一、大地湾的地画

坐落在中国西北角的大地湾遗址，历史年代从距今 8000 年一直延续到距今 5000 年，上下跨越 3000 年。镶嵌在大地湾遗址白灰色地面上的这幅罕见的地画，也是迄今为止我国发现最早的完整独立人物画，它使中国绘画最早的实物资料出现时间提早了两千五百多年，改写了中国美术史，是近年来中国绘画史最重要的发现之一，也是我国建筑壁画的滥觞。（图一）

1982 年，甘肃省文物工作队在秦安五营乡大地湾遗址的发掘中，发现了一幅绘于房址原地面的画，学术界一般称之为"大地湾地画"。这一房址编号为 F411，年代可确定为仰韶文化的晚期。这是一间十分普通的住房，长 5.5 米至 5.9 米、宽 4.65 米至 4.74 米。除其东北部居住面被破坏外，其他居住面保存较好。在居室正中处有一圆形火塘，说明 F411 是一间曾使用过并最终废弃的房址。地画绘于火塘之后，接近房址北壁的地方，房址表面抹了一层 0.3 厘米厚的白灰面，地画绘于其上，面积为 1.1

图一

至 1.2 平方米。

地画上层为并排的 3 个人物,用没骨法画成,呈影像效果。在中间和左侧人像的下方,以均匀的黑色粗线描绘 2 个爬行动物图像,并列于长方形框中。在这组地画的右下方,还有隐约的墨迹,作翘起的腿足状,可惜大部分已残缺。地画所用黑色颜料为炭黑。图像比彩陶图纹简单粗犷,但比例合适,外形鲜明。毫无疑问,这幅完美清晰的远古绘画艺术作品产生于 5000 多年前,形成于我国的新石器时期。它是我国原始先民的艺术写真,是反映人类远古生活的艺术珍品。它体现了原始先民们那种朴素的现实主义激情和浪漫气息,为后人研究中国绘画史提供了有力的实物根据,充分说明人类在探求自立的发展中,对美已经有了追求和向往,于是便产生敏锐的感受力,创造出这一令后人惊叹的艺术珍品。

二、几种不同的推测与见解

(一)"祖神崇拜"说

赵建龙最先关注大地湾仰韶时期的地画。他首先披露了距今 5000 年左右的 F411 房屋遗址内发现地画的情况,对地画的位置、内容、时代详细报道,刊登摹本,认为地画中的人形表现了对祖神的崇拜,人形下部方框内的动物"应是代表其供奉神灵的牺牲之物",并认为上面一排的三个人形中有男性、有女性,反映了"三位一体"的家庭组合形式。

参加过大地湾遗址发掘工作的张朋川认为该地画是崇拜以共同体面貌出现的氏族祖先神,上组人物手持条状物,方框内是这个氏族的图腾神的动物形象。地画中的人物表现的是祖先崇拜,动物表现的是图腾崇拜,两种崇拜物绘于同一幅画中,正是图腾崇拜向祖先崇拜过渡阶段的产物。

(二)"巫术"说

杨亚长认为该地画表现出原始先民的祖神崇拜,是狩猎图。人们通过对狩猎场面的描写,可能经过某些仪式以求获得更大收获,是一种巫术的表现。吴少明直接认定并不是狩猎图，地画本身就是巫术图。"观摩大地湾地画的一些考古专家认为，这可能是巫术活动中用作厌胜的图画，用以诅咒令生者不安的幽灵。与"巫术说"类似，有学者认为该地画是一种萨满教的仪式活动，表达的是萨满教的宇宙观，画方框中为一对骷髅，该画应是大地湾骷髅地画。尚杰民认为该地画是描绘了驱除虫灾的巫术活动，表现人群战胜动物群体的关系。他认为在这幅地画中有两个群体，一是人的群体，一是动物的群体。从巫术的意义上去理解，一是施术的群体，一是受术的群体。施术者做出了一种奇怪的动作，并且手持"神器"，受术者被打入框中不得自由，或是已经死亡。从经济特点来说，当时人们是以经营农业生产为主的，而虫灾对于农作物的生长来说无疑是致命的，也许这幅地画正是产生于一次虫灾之后。如果我们把这幅地画中的动物理解为危害农作物生长的虫类，如蝗类等，那么，无论从画的本身还是社会意义上似乎都可以得到一种较为圆满的解释。

李仰松进一步研究认为，该地画反映着当时社会组织、生活习俗、宗教信仰和文化艺术多方面信息，提出地画与巫术的关系，是人们实施巫术仪式为家人驱鬼的真实记录。

李仰松先生著文认为，这幅地画中人物下方的黑线长方形框应该解释为长方形墓棺葬具，棺内画的是两人前后俯卧的形象。其整个画面则是"当时人们实行巫术仪式的真实记录"。他认为地画是为家里病人驱鬼的画面，即"驱赶巫术"。地画上面的两个成年人是巫师与女主人，他们的右手各持一尖状"法器"，左手抚着头顶，下面画了一个木棺，内画两个象征害人生病的鬼像（是死亡的象征）。木棺前方的反"丁"字形画像的尖端朝着木棺的顶头，是镇压妖魔的象征。李先生还认为，其应是谋害敌人的巫术活动，就是自家人死亡，以为是别的部落敌人施行巫术的结果。为了进行报复，故自己也请巫师来家绘地画"做鬼"，以此作为谋害敌人的巫术仪式。尚民杰先生则认为，地画中那个所谓反"丁"字形图形应是人物残存的一个下肢部分。

(三)"丧舞说"

有专家认为图上人物手握器物作舞蹈状,方框内的形象一望即知是两个仰卧的人形,四肢皆屈,所谓头上的触角实际上是一种发饰或发辫,其中的"尾巴"应该是一种人体装饰,并引青海大通舞蹈彩陶盆为证,地画题材主要是对已故亲长的一种悼念,人们表演的正是丧舞。他进一步认为,地画的形成原因"是与当时的丧迁习俗密切相关的"。"地画说明当时人们除把死者送到墓地安葬外,也相信亡灵依然在室内徘徊,这对生者当然是一种威胁,因而人们一旦安葬完死者,就废弃了原来的房屋,让亡灵在此安息,而生者迁徙到新的住地。在迁徙前夕,人们还在室内地上画上死者的墓葬和丧舞形象,使死者不要干扰活人。

马格侠继承并发展了丧舞说。她通过对比同时期的墓葬情况,指出该地画是表现居住在清水河流域的羌人灵魂观念的丧舞,通过丧舞祭祀,他们希望死者能够尽快重新投胎再生,不会为祟于活人。

(四)"性爱生殖"说

也有学者就地画中具体形象的辨识以及社会功用进行了阐释,认为该地画上组为手握阳具的两位男性,下组方框为仰身屈卧的两位女性,该地画是对原始人类对生殖和种族繁衍重视与崇拜的反映。

吕恩国等认为大地湾地画表现的内容不仅仅是人口增殖和生殖崇拜,更反映了一种氏族群婚的婚姻制度。陈星灿通过人类学、民俗学、考古学的多重视角对甘肃秦安大地湾遗址仰韶文化晚期地画进行剖析,认为大地湾地画与世界各地史前时代广泛存在的男性性爱型岩画有颇多相似之处,是史前社会的男性同性爱画面。就大地湾地画所表现的内容讨论,得出大地湾地画应是一幅野合图,对性生活的直接描绘说明了人们的自身生存、种族繁衍及发展状况,反映了原始人类的生殖崇拜。也有学者通过对上部人物、下部动物及人物左手动作的分析,认为该地画体现的是父系社会阶段"求丰育"的观念,是与巫术思想无关的装饰画。在众多的研究中,也有学者提出大地湾地画是献给地母的舞蹈图,三人面对象征蝼蛄的地母而舞，是先民进行的迎春郊祀类的祭祀活动。

三、世界新石器时代艺术史发展的一般规律

现在全球约有 120 多个国家都发现了岩画，世界岩画的数量是如此巨大，它以视觉形式表达出来的东西极其丰富。在世界范围内，岩画艺术描绘出人类经济活动和社会生活的各个方面。最古老的岩画，都体现了人类抽象、综合和想象的才能，也反映了早期人类的活动、观念、信仰和实践，并对现代的人们认识早期人类的精神生活和文化样式提供了无比丰富的资料。岩画不仅代表着人类早期的艺术创造力，而且也包含着人类迁徙的最早证明。早在文字发明之前，它就成为人类遗产中最有普遍意义的一个类型。事实上，这些远古的岩画艺术，已成为原始时代的百科全书。

几乎所有的史前岩画都集中在三个基本的主题：性、食物与土地；虽然时间在流失，年代在推移，人类主要考虑的问题几万年来似乎并没有过多改变。

至于岩画视觉表达的内容，则有以下五种主要的题材：动物形、拟人形、建筑和地形、工具和物件、几何图形和图形字母。但是这五种题材，各自所占的数量和比重是不同的。在狩猎时期，岩画的题材是动物和符号。拟人形这个题材相对来说要少些，作品数量以及在画面所占位置的重要性，都以动物形为最。而反映地形和建筑的岩画极少，有时还辨别不清，似是而非。工具和武器亦是如此。几何形和符号是属于抽象的表意图形，在各地岩画中都有发现，并且又常与其他图形联系在一起。待到复杂经济与农耕发展之后，动物的图形在画面上就不那么重要了。至于近代艺术的一些题材，如风景、肖像、花卉和静物等，在岩画艺术中几乎是很难看到的。艺术家没有描绘大自然的壮丽风光，植物也被忽略了，少有树木，也少有花草。我们的祖先显然无意描绘熟悉的环境，毫无疑问，这种艺术不属于描写艺术。

作为原始艺术主要的表现形式，全世界的岩画虽然相隔万里，相距万年，内容风格各异，却有着基本相同的发展规律。这个规律就是人类思维发展的规律。从某种意义上讲，人类历史文化发展的过程，也是人类思维发展的过程。这个过程概括起来，就是人类不断寻找自我、发现自我、表现自我的过程。这个过程反映到岩画艺术领域，可以归纳出以下较为普遍的阶段特点：寻找自我的阶段。在这个历史阶段，人类处于蒙昧后期，在这个时期，人与动物一样，只具备与被动生存有关的低级的思维。虽然此时已经有了简单的语言，并可通过语言来表达人与人之间的某些意向，但在人的意识中，对客观世界的认识还只是一些混乱的、无序的印象，人类还意识不到自我的存在，而且人的思维与人手之间远没有现代人那样的和谐。人类经过了成千上万年，才学会了在思维支配下用手制作一些图形或符号——文字，来表达自己的思维。这个阶段的岩画，往往都是一些圆点、圆穴、十字形、圆形、方形的图形符号。这一方面表现了古人混沌、茫然的思想，一方面也体现出由于古人类表现能力低下，只能用一些简单的符号或图形来表达某种意向，结果反倒使

图二　史前岩画

图三 史前岩画

得这些符号或图形在今天愈显神秘。（图二）

到了发现自我的历史阶段，人类由蒙昧走向野蛮。在与自然的抗争中，人类积累了丰富的生活经验。人类的思想意识对客观世界有了比较全面的认识。人的双手在有意识的思维的指挥下，开始变得十分灵巧。狩猎和采集是当时基本的生活方式，人类主要靠猎取大型食草动物为生。狩猎的过程是危险的，收获是不稳定的。这样，在人与大型草食动物之间就形成了一种相互关联的宿命。攫取和敬畏并存的心态使古人类在相当长的历史时期将这些大型野生草食动物看成是自己生命的一部分，看成是部落生存的保障。（图三）

人的生存与大型食草动物之间的宿命成为古人类在这个阶段的思维中心。肥美雄健的大型草食动物自然地成为这个阶段岩画创作的主题。每个部落都有专门的巫师兼"艺术家"，在部落住处附近的山崖、山石上，十分恭敬地将这些大型野生草食动物的形象刻在岩石上，因为这些动物就是他们生命的保护神。需要指出的是，这个阶段的岩画很少有人的形象。[112] 因为古人类还不能直接感受到自我的存在。他们将自我意识

---

112 盖山林：《世界岩画的文化阐释附》，北京图书馆出版社，2001 年。

依附在那些大型野生食草动物的身上,而不是在自己的身上。在这个阶段,自我的主要意义就是觅食,就是生存。此时,人类社会已发展到母系社会的后期和父系社会的早期,文化形态已属新石器时代晚期。在每个人的生存有了一定的保障之后,繁殖自然而然地成为人类的头等大事。[113]人不仅要生存,还要创造出更多的人,于是生殖代替了生存,成为人类思维的中心。

只有到了这个阶段,人类才通过思维感受到了自我的物质存在。由于人的自我意识不用再依附于人自身之外的物体之上,人类开始用自我形象来表现自我。这种自我表现也是自我肯定和自我扩张。自我意识的萌发表现在岩画创作上,其主要的特点就是人形和拟人形象的大量出现。当人类发现了生殖的奥秘之后,以女性为中心的生殖崇拜被以男性为中心的生殖崇拜所取代,这也是父系社会取代母系社会的标志。在这个阶段的岩画上,前期是一些裸体孕妇或裸体女巫的形象,造型直观、写实;后期则变成了一些拟人化的装饰风格的男性生殖器的形象。由于文明的到来,人们开始以隐喻的手法用拟人化的男性生殖器来表达繁衍人口、尊崇祖先、夺取权力、占有权力、祈盼收获等多种愿望。此后,随着人类社会不断向着文明进发,生殖崇拜的表现更为隐喻,那些太阳、字形、飞禽、弓箭、鱼、蛙等岩画形象的背后,都有生殖崇拜的含义。当人类的思维完全成熟之后,再用岩画这种形式来表达自己的思维,无论在方法上还是在表现能力上都显得十分有限,岩画也就发展到了尽头。以上三阶段论,是世界岩画历史发展的一般规律。

四、世界三大岩画艺术风格

(一)地域风格

世界各地岩画的题材内容与当地自然环境有密切关系,不仅与岩画所在地的大环境有关,也与所在的具体位置的小环境有关。环境对于岩

---

113 盖山林:《中国岩画》,广东旅游出版社,1996 年。

画风格的影响是显而易见的。

1986 年，我国岩画专家盖山林到美国南科罗拉多大学进行学术访问时，该校人类学岩画专家 W•G•巴克尔斯教授说："美国对岩画的研究，侧重于岩画图形和不同自然区岩画区别的研究，而不同图形含义，因缺少文字记载，用意不易准确地解释。"早在 19 世纪末期，学界已能分辨出山区、高原和平原三种不同环境中不同类型的岩画风格。一般说来，山区是猎人的岩画，具象性强；高原是农人的作品，图形抽象；平原有农人、牧人和猎人的作品，图形复杂。例如，在我国岩画中，以乌兰察布草原岩画与阴山等地岩画相比，在艺术风格上有一个显著的特点，就是阴山的猎人岩画是写实主义的作品，在风格上追求神似，是一种模拟艺术；而乌兰察布草原的牧人岩画，就岩画的总体讲，是抽象化的作品，追求简括、抽象和符号化。蒙古国的草地岩画也有类似现象。对于艺术工作者来说，重视对岩画的图形和地域风格的研究显得更为重要。

(二)时代风格

不同社会、不同时代的艺术作品，其风格特征是不同的。文化是由特定时期的特殊社会形态决定的，岩画作为一种远古的文化现象也是如此。在旧石器时代，野生动物主宰着一切，因此，岩画中多以动物为主人公，用简洁的线条生动勾勒出动物的形象。欧洲旧石器时代的法国、西班牙等地岩洞中的岩画作品莫不以动物为主题，如阿尔塔米拉洞穴、拉斯科克斯洞穴、勒图克洞穴等。新石器时代的岩画基本上还是以动物为主。（图四）

日本岩画家峰山岩认为："他们是那么使人一目了然地巧妙地表现了那些动物的特征。但是，他们虽具有非凡的观察力，不知为什么，却仅仅限于描绘动物，而全然无视作为动物生活场所的自然情景。"新石器时代岩画的技法也同旧石器时代的猎人们一样，似乎不是对眼前的动物进行素描的写生画，而是对记忆中的动物进行描绘的"记忆画"。"从世界范围看，一到青铜时代（约三千年前），岩画的题材内容和表现手法便

图四　史前岩画

突然改变了。以前动物主题支配了一切，而今伴随着动物出现了人像，而且人物形象越来越多，不久便取而代之，完成以人物为主体的转变。巴丹吉林岩画的早期作品约属于这个时代，其岩画作品中的动物形象失去了石器时代那种生动活泼的风格，而代之以图案化、简约化、模式化、符号化的艺术作品，动物形象虽别具风味，但显得呆滞，缺乏石器时代岩画所具有的生气。"这可能是由于人类进入到青铜时代以后人的主体地位得以提升，人的自我意识更加强化。而在此之前，正如马克思所说的："自然界起初是作为一种完全异己的、有无限威力的和不可制服的力量与人们对立的，人们同它的关系完全像动物同它的关系一样，人们就像牲畜一样服从它的权力，因而，这是对自然界的一种动物式的意识（自然宗教）。"因此，艺术风格的变化与社会意识的转变有着密切的关系。据考察，在文字产生以后，随着文字表达功能的逐渐强化，岩画的表达功能有弱化的现象。

（三）民族风格

从世界岩画的视野来看，民族风格显得尤为突出。在原始社会里，

图五　史前岩画

各民族的生活、文化、风俗等传统都是迥然有别的。因此，其产生的岩画在题材内容和艺术风格上都有较大的差别。托马斯·门罗提出的风格分析的几种方法里，就有按照地理、人种和民族来进行分类的。欧洲洞穴岩画的艺术风格以法国拉斯科洞穴岩画最为典型。拉斯科岩画雄伟壮丽，显示出原始人画家的大胆和气魄，强烈的生命力和荒野味激荡着每个参观者的心扉。（图五）

　　从技术上讲，岩画中的动物画，在粗壮的黑色轮廓线内再用黑、红、棕色加以渲染，表现出动物的体积感，使整体效果雄浑而壮观，这是原始艺术家敏锐的观察能力和宏大气魄取得的艺术成就。难怪拉斯科被艺术史家视为法国史前洞穴壁画中最精美的一个洞穴。北非的撒哈拉沙漠岩画和南部非洲的布须曼人岩画则有着浓郁的黑人文化和非洲民族风格，具有写实的特点、流畅的线条和强烈的动感。印度和巴基斯坦岩画经历了自然主义、风格化和装饰化等几个时期，显示出不同的风格。我国的岩画也有着独特的艺术风格。例如，巴丹吉林沙漠岩画在艺术特征上有明显的个性，它既不同于世界各地在旧石器至新石器时代那种纯粹描绘动物世界的画面，也有别于云南、广西等地以明显的描绘人为主题的岩画，而是以描画人与动物并重的画面，其主题思想往往给人以朦胧和模糊的感觉，只有透过画面去进行深入观察分析，才能领悟到岩画侧重表现的是人，而不是动物。[114]

五、结语

通过考古学而确定的相对年代，大地湾仰韶晚期居址地画距今约有五千年的历史，是迄今所知我国最早且保存完整的绘画作品。大地湾地画出于原始宗教信仰的需要，而绘画在建筑中有特定地位，因此也可以视作我国建筑壁画的滥觞，同时也是黄河流域过着农业定居生活的人们的最早绘于建筑中的艺术作品。

大地湾仰韶晚期居址地画不是依附于器物上的装饰画，是纯粹精神生产的产物，是我国目前仅见的原始社会具有独立性的绘画。研究大地湾地画不应局限于定义大地湾新石器时期地画的客观意义，更要结合大地湾考古发掘、聚落遗址、彩陶玉骨器、史前农业、史前环境、大地湾与史前文明等方面的内容。

大地湾地画为研究仰韶文化的社会性质和原始宗教信仰提供了珍贵的形象资料，也是研究仰韶文化美术的重要实物资料。大地湾地画的发现，将中国绘画的历史大大向前推进了，是中国绘画的开篇，对于研究中国绘画的起源有着重要的学术价值，从这一点来说，它在中国美术史上占有肇始意义的重要地位。

---

114 盖山林:《巴丹吉林沙漠岩画》,北京图书馆出版社,1997 年

后记

《大地湾之谜》终于可以付梓了。有一些事情也必须在此记下来。

这本小册子写作和修改共进行了两年多时间。本来我是想自己写的，后来，一是因为当时手头同时在写《鸠摩罗什》《丝绸之路上的诗人》等作品，二是因为研究生们无事可做，便决定带领他们来写这本书。产生这个想法，还与我之前写的《敦煌之光》《佛道相望》《信仰从这里开始》等文章有关。这些文章在发表后虽然也有很多朋友发来鼓励的短信，但也有一个很大的问题，即写得有些深了，而写得浅一些要怎么写，还真把我一时难住了。这说明修养还不够。思来想去，让自己的研究生们来写这本书，也许是最恰当的。一是他们并非我这样的专业作家和学者，有自己作为一般读者的视野；二是他们的文笔不深奥，也适合于大众。于是就决定了。

先前，杜臣弘宇、林恒、王梦琪、闫倩、朱正山、汪萌等近十个同学去大地湾考察了一遍，拍回来很多照片，也写了一些文章，在微信公众号上进行发布。再后来，何玉娥、甘雯、赵玉笛、艾青、魏新越等加盟，又去过几次。我自己带着他们中的几个去过几次。在若干次的讨论中，初步拟定写作提纲和写作方法、观念，然后决定由几个同学执笔去写。甘雯写了第一章，艾青写了第二章，杨新士写了第三章，魏新越写了第四章，姬玉阳写第五章，何玉娥写了第六章，郭芜延写了第七章，徐艺嘉写了第八章，汪萌写了第九章。

稿件前后修改了大概五六遍，曹忠、何玉娥分别又整体性地修改了两次。在每一次的修改中，我都常常觉得进行不下去了。有的同学的文笔稍差一点，我先是给他修改一些，然后又教着让他自己去改。有的同学文笔很好，超过了其他人，可为了统一性，又把他的才气试着稍稍减了一些。有的同学在整体性的把握上总是不够，让其修改多次都未果，只好亲自来给她改，但又没办法全改掉，只好又令其自己来改，直到最后能用。总之，这个过程对他们来说是痛苦且漫长的，但我相信对他们是有用的。

这样说，是想说明这本书是有缺点的，希望在下次重印前能够再改一次。如果还有下下次，我还想再修改，再完善。

这里还要感谢一些同学。何玉娥和雷昊霖做了大量工作，尤其是后期出版工作。

感谢秦安县的诸多领导和文友们，如秦安县地方志办公室主任王广林、诗人李雁彬等，他们提出了一些具体的修改意见。感谢秦安县委书记王东红先生、人大常委会主任郭海军先生、宣传部长徐东明先生、文广局长王建祥先生、副局长刘永红先生以及帮助过我们的诸多领导。他们不但对书稿给予具体修改意见，还帮我们协调一些单位和个人，使我们的工作得以顺利开展。没有他们的大力支持，这本书就不能完成。

感谢大地湾这片古老神奇的天地山川，感谢伏羲、女娲。

徐兆寿

2018 年 12 月